澳门口述历史丛书

文化公所
Hall de Cultura

行针步线

澳门制衣工人口述历史

林发钦 —— 主编

广西师范大学出版社
GUANGXI NORMAL UNIVERSITY PRESS
·桂林·

行针步线
XINGZHEN BUXIAN

著作权合同登记号桂图登字：20-2016-215 号

图书在版编目（CIP）数据

行针步线：澳门制衣工人口述历史 / 林发钦主编. —桂林：广西师范大学出版社，2018.6
（澳门口述历史丛书）
ISBN 978-7-5495-9312-5

Ⅰ. ①行… Ⅱ. ①林… Ⅲ. ①服装缝制－手工业工人－访问记－澳门－现代 Ⅳ. ①K828.1

中国版本图书馆 CIP 数据核字（2016）第 303454 号

广西师范大学出版社出版发行
（广西桂林市五里店路 9 号　邮政编码：541004
网址：http://www.bbtpress.com）
出版人：张艺兵
全国新华书店经销
广西广大印务有限责任公司印刷
（桂林市临桂区秧塘工业园西城大道北侧广西师范大学出版社集团有限公司创意产业园内　邮政编码：541100）
开本：720 mm ×1 010 mm　1/16
印张：15.5　　字数：215 千字
2018 年 6 月第 1 版　　2018 年 6 月第 1 次印刷
印数：0 001~5 000 册　　定价：52.00 元

序：澳门制衣工会五十年光影

潘玉兰

成立于1958年的制衣工会，从诞生的那天起，已将维权、服务定为工会的宗旨，而在不同的时期，工会亦本着这个宗旨，保障工人就业权益、为工友争取薪酬待遇和工作条件的改善、关心工人生活保障、举办比赛提升技术水平、开办班组活动丰富工友的业余生活等，在澳门工运事业上留下辉煌的一页。

工会白手兴家，一桌一椅都是靠捐赠而来，艰苦创会的历程奠定了会务参与者无私奉献勤俭办会的精神；并且工会始终依靠群众，因应社会及行业的发展，敢想、敢做、敢尝试，在多个领域的工作中开拓创新，在不同发展时期中不断焕发出新的姿采。

制衣工会的成立

二十世纪五十年代，澳门的三大制造行业——火柴、爆竹、香业逐渐式微，制衣开始成为澳门的新兴行业。当时有中小厂数十间，多是由香港厂商在澳门开设，业内雇员约有二千人，但工人尚未有组织。工厂经常发生减薪、裁员、欠薪的事件，工人纵有不满，亦多是敢怒不敢言，劳资矛盾日益激化，实需有工会维护工友的权益。1958年，日升制衣厂的减薪裁员事件触发了工会的成立。当时工人为反对工厂减工资，派出七位代表和资方理论，但厂方不理会工人的要求，竟然开除七名工人代表，进一步激起工友的不满。全厂工人于是发动罢工争取厂方让工人复工，却不知道其后该怎样与资方交涉，只得聚集在街上商量，但又怕被说成是非法集会，被迫走向长命桥，当海水涌至大家惊慌失措，有些人甚至哭起来，处境十分狼狈。

幸好，他们得到一位旅业工友的协助，带领他们到旅业工会开会，后来更得到澳门工会联合总会（以下简称“工联”）派员协助，指引他们到当时的市行政局投诉，在大家的同心合力下，事件得到解决。经过这次劳资事件，工友认识到要维护自己的权益，就要有组织作依托，为此，他们迫切希望成立工会。经过几个月的筹备，澳门内衣工会（即制衣工会前身）于1958年11月正式成立。

工会成立之初除了几百名会员外一无所有，可谓“白手兴家”，但工友爱会情深，有钱出钱、有力出力；一些兄弟工会送来桌椅，位于新马路1号N三楼的旅业工会借出部分地方，作为内衣工会的办公室；工联派来秘书义务为工会提供支持和指导。在各方的支持和协助下，工会走出了艰难创会的第一步。在劳工法诞生前，工会以团结为力量，以“有理、有利、有节”为方针，透过灵活的谈判技巧，处理了众多的劳资事件，维护了工友的就业权益。

制衣工会的发展历程

六十年代中，随着会员数量增加，工会经济有所好转，工会就另觅会址，于1966年4月，迁往原是汽机工会的会址，即沙梨头海边街17号二楼继续办公。与此同时，依靠工友捐款支持，增添了一批日常用品和康乐用具，有条件为工友举办更多的康乐活动，凝聚会员。

七十年代初，制衣业有了很大的发展，产品日趋多样化，除了原来生产的恤衫（旧称内衣）、睡衣裤、西裤及牛仔裤之外，还增加了棉织衫、风褛、太空褛等，制衣工人也有八千多人。为了适应行业发展、更好地团结各厂工友，内衣工会正式改名为“制衣工会”。而随着会员人数增加，工会的活动空间亦逐渐不敷应用，经常要借用兄弟工会的地方开展活动。为此，工会于1974年4月又一次迁址至海边新街61号，较原来的会址大五倍多。宽敞的会所为会务多元化发展创造了条件，工会除继续以维护工人权益为重点外，还经常为工友解决生活上的困难，并开展了不少会员的福利、服务工作。

八十年代后期，制衣工人已达三万多人，出口额占制造业出口总值四成多。因应形势发展，工会于1986年6月迁往康乐馆三楼与织造工会、珠塑工会实行联合办公。1987年12月进一步联同手工业工会、鞋业工会、香业工会、樟木杠工会等共七个工会组成“澳门制造业总工会”。总工会的成立，集中了人力、物力、财力等各方面的资源，更有利于工会发展，尤其是有利于开展一些带全局性、针对性的维权和会务活动，如参与劳工法的制定、宣传工作，向政府反映输入外劳政策及厂商将工序外移对工友职业生活的影响等，有力地维护了行业雇员的权益。

九十年代，大量制衣厂北移内地，部分工友趁年轻转行，入行人数也在减少，随着配额制度的取消，行业进一步萎缩。有见及此，工会大力开展职业培训、举办车缝技术比赛，以提升业内雇员的技能，增强竞争力。与此同时，强化职业转介服务，协助工友转业。

2005年，工会购入提督马路能昌大厦地铺为自置会址，并将会务推展至会员子女身上，为下一代开展暑期兴趣班、青少年足球训练班，成立青年组织

——旭青社等。

回归至今，制衣工会在工联和制造业总工会的领导下，积极参与社会事务，支持配合特区政府依法施政，继续为行内职工、家属提供更多元的服务，为澳门工运发展贡献力量。

表1　制衣工会的诞生与发展

年份	发展情况	业内雇员人数
1958	内衣工会成立	2000 人
20 世纪 70 年代初	因应行业发展改名为制衣工会	8000 人
1987	联同手工业工会、鞋业工会、香业工会、樟木杠工会等共七个工会组成澳门制造业总工会	30000 多人

表2　制衣工会会址变迁

年份	地址	说明
1958	新马路 1 号 N 三楼	旅业工会借出部分地方
1966	沙梨头海边街 17 号二楼	原汽机工会会址
1974	海边新街 61 号	较原来的会址大五倍多

续表

年份	地址	说明
1986	康乐馆三楼	与织造工会、珠塑工会联合办公
2005	提督马路能昌大厦地铺	自置会址

无私奉献勤俭办会

制衣工会从无到有，除了工联及兄弟工会的支持、协助外，无私奉献的工作人员是推动会务不断发展的关键。

二十世纪八十年代前，工会经费来源有限，工友收入不高，工会搞活动、办班组就要以收费低、内容丰富作招徕，为此工会需借助大批义务工作人员的支持。例如开酒会，所有食物、饮品都是由义工动手做，活动结束后他们又留下来收拾洗刷至深夜才回家；如举办足球赛，球衣由工作人员自行印字，球赛后的球衣，全是工作人员手洗（当时尚未有洗衣机）；又如开办兴趣班，所邀请的导师不少都是出钱出力义务授课，以减低工友的学费支出。所有这一切，目的都是为了降低成本，让工友支付低廉的费用就能参与活动。相信本书中，不少受访对象都曾参与过有关义务工作，为工会发展出过力。

时至今日，虽然经费来源较以往宽裕，但制衣工会时刻不忘勤俭办会的宗旨，始终坚持以尽可能少的资源为工友创造出最大的效益，相信这亦是工会得以不断发展壮大的原因所在。

敢于创新开拓进取

几十年来，制衣工会时刻以工友的需要为前提，不遗余力为工友提供活动和学习的机会。开展班组活动，丰富工友的业余生活；开办培训班、举办比赛，为行友谋得更广阔的发展空间。

在开办班组活动方面，六十年代期间，工会就开办了裁剪、编织、乐器、话剧、歌咏、中国舞蹈等班组；七十年代期间，增办了普通话、书法、护理、太极、武术、绢花、工艺等十多项娱乐性与实用性并重的课程。

八十年代，社会出现新的变化，原来的班组已逐步跟不上社会的步伐，工会为此对社会现象及工友的喜好作了深入的探讨，并在此基础上敢于尝试，提升兴趣班组的专业性和新颖性，开社会风气之先，邀请了一些专业导师先后开办了摄影、美容、健康舞、发型、交谊舞、吉他、口才训练、西菜、点心班等，广受工友欢迎，亦推动了整个社会的文娱生活素质的提升。

而工会的开拓性更体现在扩阔行友的职业发展出路上。踏入九十年代，考虑到行业逐渐萎缩、工友出路受限，工会举办车缝技术比赛及“庆回归贺千禧云裳舞艺展缤纷”的本地出口时装及澳门时装设计的时装表演，提升业内工友的技术水平；并与劳工局合办成衣万能工培训班，为工友寻求更多出路。

可见，在不断摸索、勇于尝试的过程中，工会除维权、服务外，已找到工作的另一路向——促进行内技术交流和发展、提升从业人员的整体素质，这些启示的获得都是与工会敢于开拓创新的精神分不开的。

前 言

现代口述历史源于美国，后为保存“公众记忆”的历史记录方式。那么，怎么理解口述历史呢？中华上下五千年，无论是远古先民传说，还是春秋战国智者先贤口头传授并编撰成书的《论语》之类，抑或近现代各种形式的社会调查、媒体访谈，乃至老一辈人给子孙讲述的家庭渊源或个人往事，等等，都可以理解为广义的口述历史。

近些年随着越来越多人的关注，口述历史已不仅仅局限于“记录”，而是越来越注重对访谈员的专业培训，以及研究领域的专业规范。正如英国学者保罗·汤普森（Paul Thompson）所谓“用人民自己的语言把历史交还给人民”，说的就是口述历史在史料征集及现代史学研究上的专业性、规范性及平民性的特点。

在澳门历史研究中，口述历史日渐受到重视。2008年，为加强澳门学术研究，打造特色研究平台，澳门口述历史协会应运而生。协会的宗旨是团结专家学者和青年学生，利用科学方法，推进口述历史资料的采集、编辑和研究工作，并通过对民间私家著述和公私文书资料的收集、整理，促进澳门历史研究的发展，提升澳门的文化形象。澳门口述历史协会成立至今，深入不同的社区开展了多项口述历史访谈，从新桥、下环、福隆、十月初五街到氹仔、路环，访谈不同阶层的澳门老居民数百人，以“社区变迁”和“行业兴衰”两个视角，透过受访者口述“亲历、亲见、亲闻”的回忆，从不同方面反映澳门社会近百年的历史发展，并保存了大量视频、音频、图片和文字，为保存社区历史、弘扬社区文化做出了一定贡献。

协会近年来计划将以往访谈成果汇总成“澳门口述历史丛书”（以下简称“丛书”），并开始分批出版。从内容上来讲，本“丛书”涉及人物、家庭、行业、社区、风俗等专题，不仅补充了澳门现代史文字资料之不足，亦丰富了澳门历史。就早前对澳门历史研究情况的考察，澳门现代史最重要的史料实为口述史料，而非文字史料。现今在世的已过古稀之年的老澳门人，经历了抗战、新中国成立、澳门回归等重大历史事件，他们的集体回忆构成了一幕幕最真实、生动的澳门现代历史图像。

另一方面，“丛书”于内地出版，在提升澳门文化传播辐射力的同时，亦能深化两地的文化交流。纵观澳门出版物现状，内容呈现多元化，图书市场空间虽有明显发展，但还面临不少问题，具有澳门本土特色的书籍一直很难大量在内地传播。而此次“丛书”由内地出版社出版发行，是澳门口述历史出版物在出版地域、传播途径上的一项大突破。

自访谈计划启动以来，协会访谈团队走进澳门的街头巷尾，寻觅那些濒临消失的人和事。经一位位古稀之年的澳门人的口述，以及我们的专业团队后期的整理、筛选、撰稿及史料研究、校对等工作，协会已经开始了编撰书稿进而出版的工作进程。

相信这些涉及澳门经济、历史、文化及社会生活等方方面面的鲜活的口述历史材料，以及文中所配珍贵的老照片，能很好地展现沧桑而又富有生命力的澳门风貌。

这本《行针步线——澳门制衣工人口述历史》，即是澳门口述历史协会团队对澳门制衣工会部分会员进行访谈的整理稿。

当访谈者进行完访谈之后，我们先将访谈录音进行逐字逐句转录，形成规范的转录稿，然后以第一人称再次修改成稿，理顺文字，增加大小标题，形成了预备交付出版的初稿。

在对澳门制衣工会各受访者访谈时，我们团队请受访者尽可能地提供一些当年工作、生活以及家庭的影像，在做了一定的整理后，现在根据内文需要，选择配入文中。希望读者在阅读文字的同时，能够对其人、其情、其景，有些许直观的感受。

而附录“口述历史资料”这部分，是我们团队对项目的一些基本记录，例如受访者姓名、年龄、基本情况、访谈地点等，希望能够对此项目的整体面貌有一个清晰把握。

随着时间的推移，当年接受我们访谈的不少人，已经不可避免地年长了许多岁，更有人已经离别了我们。而当年我们协会这支年轻的访谈员团队，有在读大学生、高中生，如今均已经走进了社会，在不同的专业领域都有了很好的岗位，有文博机构的公务员，有教师，有社会工作者，有大学博士生。他们当年在口述历史协会所进行的口述访谈项目，对于他们更多地接触社会，锻炼提高他们的工作能力，有着莫大的帮助。

谨将本套丛书献给可爱的澳门，以及生活在澳门这片土地上的人们。

目　录

服务制衣工会五十载

萧丽明 / 口述　陈达尧　易佩珊 / 整理

2008年，澳门制衣工会已与工友们共同迈过了五十年的岁月。五十岁，对于人来说，算是到了晚年，但对于一个工会来说，只要有一群积极发展会务的人，五十岁也是盛年。萧丽明女士是工会的创会会员之一，与工会共度五十载。五十年中，她积极拓展会务并为工友争取合理的权益。

生活艰辛　颠沛流离

我叫萧丽明，原籍中山石岐，1937年在澳门出生，小时候与父母、哥哥、姐姐和两个弟弟居住在下环街58号，过着“七十二家房客”的生活。我小时候常在妈阁庙玩，沿海有一块奇怪的石头，就算你怎样从上面滚下去，都不会弄伤自己，真是十分有趣。

我父母从事海产品销售，生活虽然贫穷但过得很愉快。后来父亲的铺位没有了，一家人便回乡生活，过着十分艰难的日子。再后来父亲也不幸逝世，靠

萧丽明（前排左三）与工友合影留念（一）

制衣工会武术班新旧同学新春联欢暨第一届结业及第二届新班开课茶会

着母亲独力承担一家五口，得到姑姐的帮忙才能勉强维持生活。当年我们如果有一口白米吃，已是感到无比幸福了！

小时候生活虽然十分艰辛，但妈妈对我们非常温柔慈爱。最记得妈妈弄些谷糠、粽子之类的小食给我吃，那种美味已无法再次品尝一番了！受妈妈的影响，我也常常帮姐姐纺纱，负责把棉花打成细线，一丝不苟地慢慢地工作着。就是这样，我在不知不觉间，接触了制衣业。

当时中国的社会十分混乱，在街头可以看到很多的死尸，如果在街上吃东

萧丽明与丈夫梁伟泉

西，便会有人过来抢你手上的食物。

由于在乡下的生活很艰难，后来到了解放时期，我妈妈与其中一个弟弟先回澳门，哥哥去行船，我与另一个弟弟到了五十年代才重返澳门。

回到澳门，我们的生活仍然十分困苦，在下环街市排队购买白米、面包、食用油等日用必需品时，有一些可恶的人会刻意泼水洒在排前头的人身上，令他们无法购买，从而自己插队。我也曾经遭遇过这样卑劣的行为。

上学也不是一件理所当然的事。因为家庭经济困难，我只是断断续续地上

工联离岛办事处组织工友旅游

了几年学。在乡下时也曾读过几年书，回到澳门，因为我姐姐是妇联会员的关系，所以我也能在妇联识字班读夜班课程。后来我在香港工作期间，在圣师学校也读了几年书。

我十四五岁便去了香港，暂住在阿姨的家中，真正开始从事制衣业。

劳资纠纷　团结获胜

我在香港工作时，有幸得到管工和香港内衣工会的帮助，找到了一份负责拉脚工序的工作，而且香港内衣工会热心地提供了一些裁剪的器具。到了1956

制衣工会39周年活动，萧丽明（二排左五）与工友合影留念

年，由于澳门大鹏制衣厂缺乏一群熟练的拉脚工人，管工便带我和其他制衣工人到澳门发展。在澳门，工作环境好了很多，有吃有住，日子过得很开心，但不久后管工便叫我们一起返港了。

返港后不久，有位工友托我回澳门日升制衣厂帮忙，我答应了，于是再次回到澳门。兜兜转转，我也意料不到，这次的回澳是我人生的一个重要转折。

我在日升制衣厂工作了一段时间后，厂长对员工开始无理减薪、裁员，工友们不肯让步，纷纷起来抗议厂方的压榨性行为，并选出了七个代表与资方谈判。但厂方不但不理会工友的要求，还开除了这七个工友代表。这一行为引起了全厂工友的极大不满，全厂工人停工停产，支持工人代表复工。厂长于是请来黑社会恐吓工友，令这一劳资事件进一步恶化。

那时候，工友们缺乏经验，根本不知道该怎样处理，我们几经商议。有一次我与其他工友代表到长命桥商议对策，庆幸得知有一名工友的母亲是旅业工会的会员，我们就拜托旅业工会相助。之后又得到工联的协助，工友代表与工联和旅业工会的代表，以制衣工会的身份与厂方谈判。厂长无可奈何之下，答应了劳方的要求，请来香港的厂房老板到澳与工友谈判。工友代表很坦率地将所有事情告诉厂房老板，那个老板倒是很开明，高谈阔论的。

后来工联给予我们一些建议，教我们到当时的市行政局投诉资方的不正当

制衣工会贺千禧活动，萧丽明（前排左四）与工友合影留念

行为，而市行政局亦根据实际情况判资方应负全部责任，最后事情终于完满解决，工友们的团结赢取了自己应有的权利。

联系工友　创立内衣工会

经过这次劳资事件，工友们都意识到，只有团结起来，通过工会作为平台，才能争取和保障自身的权益。经过几个月的筹备和工联的协助，1958年11月在工人康乐馆，澳门内衣工会正式成立，我们有了一个为制衣工人谋福利的家。

到了七十年代，欧美各国限制进口配额制度，反而令澳门制衣业得到保障；而且大量的缅甸、泰国华侨来澳，带来了廉价的劳动力，澳门的制衣业因此得到很大的发展，产品日趋多样化，除了原来生产的恤衫、睡衣裤、西裤及

制衣工会25周年活动，萧丽明在讲话

萧丽明（左四）与工友合影留念（二）

牛仔裤外，还增加了棉织衫、风褛、太空褛等款式。

当时的内衣工会认为要适应行业的发展，更好地团结各厂的工友，于是通过决议，把“澳门内衣工会”正式更名为“澳门制衣工会”。

制衣工会

那次的劳资事件后，我离开了日升制衣厂，转向规模较小的工厂工作。因为我当时有工会背景，所以受到厂方的歧视甚至留难，但是我认为工会工作要坚持。即使在怀孕期间，我也没有忘记工会，时常参与处理会务，日间我要走

澳门回归日，萧丽明（右三）与友人迎接解放军

去各厂联系工友，晚间放工后就回工会处理各项事宜，工会就是我自己的家。

我后来暂时在朋友阿冰的天成制衣厂做指导员工作，儿女就拜托姐姐和婆婆照顾。做了几年后，转去黑沙环的青松工厂做棉织工作，几年后，又转去了德祥制衣厂做棉织工作。在几次的转换工作环境期间，我一直都在每间厂中积极组织工友参与会务，帮助他们处理劳资事件，为工会拓展了很多工作人员，团结了很多工友。

工会成立初期，什么事都要靠自己。在1962年期间，由于内地严重饥荒，很多制衣工人没有工作，工会也沉寂了一段时期。幸好工友们都很热爱工会，经过一番努力和奋斗，1964年，制衣工会再次强盛起来，其他工会的人说我们是“咸鱼返生”。

我们制衣工会曾经数次搬迁。工会成立初期，会址设在新马路1号N三楼；后来由于会员人数逐渐增多，在1966年4月，会址迁往沙梨头海边街17号二楼（即现在的乐诗大厦旁）。汽机工会把二楼让出来给我们办公，但那里的空间仍然是不够的，只是作暂时的栖身所。

到了七十年代，澳门制衣业的发展空前繁盛，工会也累积了很多的会员，会所不敷应用，所以1974年4月，工会迁往比原来大五倍多的海边新街61号（即旧劳校小学分教处）。地方大了很多，我们的班组活动也活跃起来了！一楼有乒乓球室、点心班等，二楼有跳舞室，三楼有基训室、武术班。刚搬入新会所时，适逢德祥制衣厂放九天的长假，很多工友义务地回工会帮忙装修、搬运家什等，好不热闹。

1987年，制衣工会与其他兄弟工会（珠塑工会、樟木杠工会、织造工会、香业工会、手工业工会、鞋业工会）组成“澳门制造业总工会”，会址设在工人康乐馆，而制衣工会已于1986年迁往该处的二楼。后来工人康乐馆因日久失修而成为危楼，制衣工会便迁回了海边新街61号，但我们只能在地下铺位处办公。

因应会务的发展，制衣工会在2005年搬到现在的会所——提督马路45—47号能昌大厦地铺。

一件长工事件

我1998年退休，在工会工作了四十年，担任过不同的工会职务，协助工友解决了很多大大小小的、不同种类的劳资事件。令我印象最深刻的，是一件长工事件。

那是一名工友长期帮雇主签文件的案件。有一次雇主欺骗他，叫他签一份葡文文件，后来雇主不承认这份文件上的签名，控告那名工友私自以他的名义签署文件。工友的同事们因不敢与雇主作对，好些人都不太愿意为那名工友据理力争。

困难中，得到宋玉生先生和制衣工会的帮忙，工友们才敢与雇主对抗，向劳工局投诉雇主的欺骗行为。事后，那名雇主想把事主和协助他的工友全部解雇，而工友们也不再愿意为那名雇主做事。经劳工局与雇主商议后，由雇主赔偿所有被解雇员工的薪酬。

那个雇主最可恶的是，明明清楚要赔偿很多被解雇员工的工资，他却只拿出一张支票，而且还要制衣工会的人到银行兑现给工友们。这种故意为难员工的行为，非常令人讨厌！

虽然我已经退休，但对工会的事务依然牵挂在心，需要我为工会做什么，我也不遗余力。乐于助人，乐于服务社会，是我几十年的人生信念。

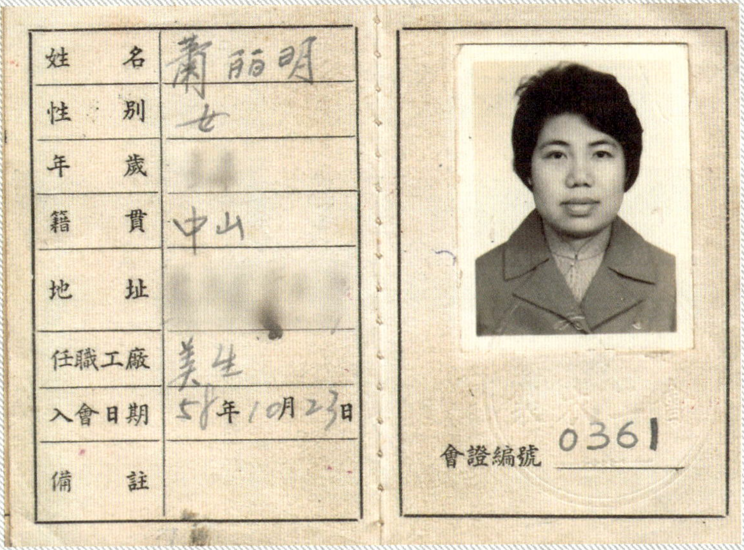

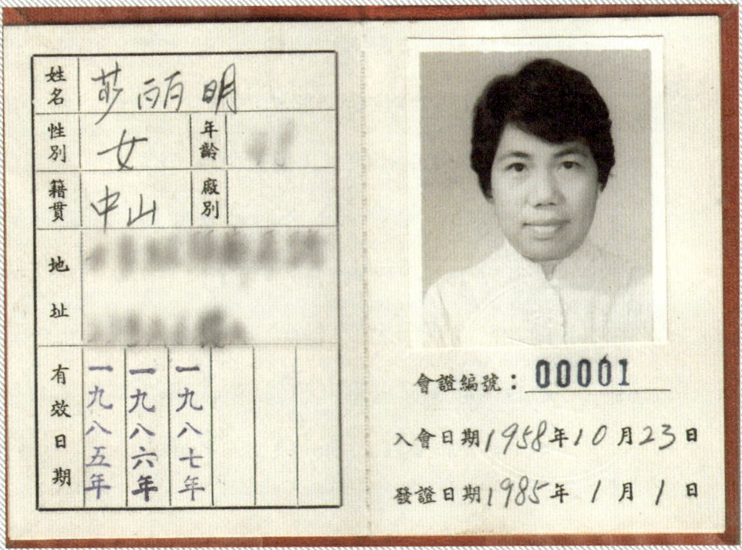

萧丽明的制衣工会会员证

为制衣工会付出大半生

梁伟泉 / 口述　陈达尧　易佩珊 / 整理

过去的澳门，虽然不能与邻近的香港或广州等大城市媲美，更没有广阔的土地、茂密的山林，却酝酿着一股独特的文化、一股浓厚的乡土情怀。老一辈的澳门人，都是在这样的文化摇篮中成长的。

梁伟泉是制衣工会创会会员之一，也是工会内的活跃分子，积极策划和参与了很多活动。将近八十岁的他，并没有因为岁月的流逝而却步，反而更热心地用自己有限的生命之火来照亮别人。他为制衣工会付出了大半生，是制衣工会内一位“无名英雄”。

偷师学武术

我出生于澳门，家中有十兄弟姊妹，我排行最小，跟父母和三个姐姐、两个哥哥一起住在雀仔园区内，我其他的哥哥姐姐在我没有出生前都夭折了。我父亲是公务员，但我的家庭并不富裕，我十岁便要出来社会工作，帮补家计。

我有幸能够上学读点书。我在孔教学校读书，当时的学习风气很好，学生也很尊敬老师。读至五年级时，学校发生经营权的问题，孔教学校改名成别的学校（即现在的教业中学），而原孔教学校的老师们便一起创办了崇新学校，我在崇新学校毕业。

制衣工会41周年活动，梁伟泉（前排右）表演武术

制衣工会新春团拜联欢晚会，梁伟泉表演武术

1980年，梁伟泉（前排右）参与制衣工会武术班活动

1974年，工会组织工友前往大庆参观交流

我很喜欢武术，喜欢舞狮头，没有人教授我怎样舞、怎样耍，我就悄悄地在武馆外跟着学习。直至今天，我仍然喜欢打太极。记得我小时候，有一次在雀仔园附近的菜田采青——当时这种行为是不合法的，所以被警察带回警局给予口头警告，后来把我放了。

从印刷到制衣

我十岁开始出来工作，曾经做过印刷、排字、制衣、卖布匹等工作。最早我在澳门的《大众报》排字，当时的印刷技术不像现在这么先进，必须用手把字排好后再拿去印刷。

在《大众报》做了两三年，我与同事们一起到香港发展，曾在香港《中国日报》做了一段时间，再转到香港中华书局从事印刷厂的工作。那间印刷厂专门印刷国民政府的纸币、金圆券、银圆券等货币。

在报馆和印刷厂工作了那么久，令我更加了解国家的实况和社会的局势，也令我明白，当时国民党政权已经腐化得很严重。国民政府大量印制的纸币根本不值钱，可以说是废纸，大量的货币造成通货膨胀。当时现金交易的纸币不是以张数而是以尺寸计算的。

1949年国民党政权倒台，印刷厂也解散了，我在那年回来澳门，开始新的生活。那时澳门的制衣业处于萌芽阶段，很多人都开始学习制衣，我的家人常常会带一些外发衣料回家裁缝，我也开始接触制衣业。

倡导创会

1957年，我进入大鹏制衣厂，负责车衣的工序，跟随师傅边做边学，主要是负责车衣领。熟能生巧，我很快学会了一门车衣手艺。

做了不久，我就转到日升制衣厂工作。后来日升发生劳资事件，我是七名工人代表之一，参与了与厂方的谈判。但是我们七名工友全被厂方无理解雇，这次事件更进一步恶化。

在谈判期间，厂长有一句傲慢的话，使我受到很大的刺激——“你们一盘散沙，怎样和我斗啊？！”

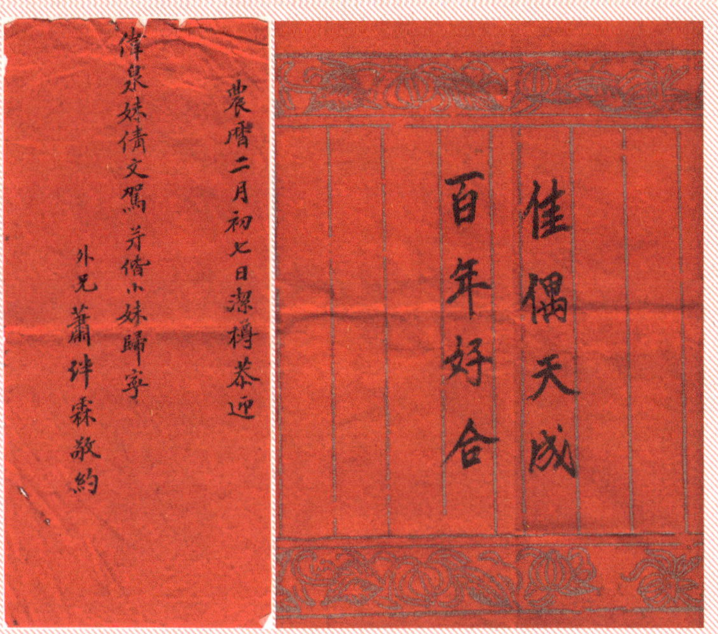
農曆二月初七日潔樽恭迓
偉泉妹倩文駕 并偕小妹歸寧
外兄 蕭玤霖 敬約
佳偶天成
百年好合

梁伟泉、萧丽明结婚喜帖的部分文字

2007年，梁伟泉及爱人萧丽明参加望厦老人中心举办的婚纱活动

梁伟泉、萧丽明婚礼当日

谈判失败后，工友们四处寻求协助，商讨对策，后来我们得到工联的帮忙，市行政局也出面干预，这次劳资事件得以完满解决。

经此事件后，我们都意识到设立工会的必要性。创建工会，能有效地保障和争取工友们应有的权益。经数月的筹备，我们发动各制衣工友，在大家共同努力下，澳门内衣工会于1958年正式成立，我成为第一届工会的理事，担任财务的工作。

不久以后，我与在日升结识的萧丽明结了婚，一起担任工会会务工作，服务工友。

为工会工作　初心不改

二十世纪六十年代初期，澳门的制衣业出现一段小低潮，制衣业出现饱和现象，很多厂房都接不到订单，业务开始下滑，令很多制衣工人都收入无门。眼见澳门制衣业前景渺茫，我于是去香港发展，继续从事制衣行业。在香港的工作十分忙碌和艰辛。三年之后，我因病回澳安顿，在澳门另谋职业，重新开始了在澳门的职业生涯。

我回澳后，到中国百货公司从事布匹销售的工作，月薪约千元，收入算能维持家庭生活。因为我工作的地点与当时位于沙梨头海边街17号的制衣工会会所很近，所以每逢下班或空闲时，我就会到制衣工会帮忙处理会务，大部分是财务工作，也积极参与工会的班组活动和策划旅行等。

2000年，梁伟泉（左一）与家人前往西班牙旅行

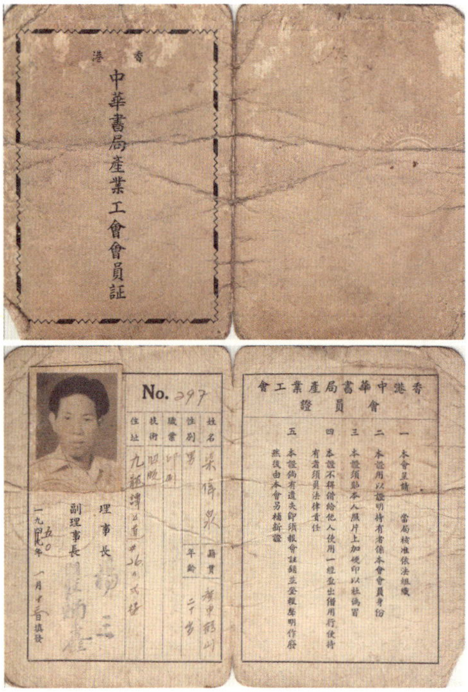

梁伟泉的香港中华书局产业工会会员证

梁伟泉的澳门制衣工会会员证

在百货公司做了二十多年，亦目睹澳门布匹业从繁盛逐步走向低潮。我后来便转到了娱乐职工会，担任秘书，1999年正式退休。

过往博彩职工的待遇

我从1986年至1999年，一直在娱乐职工会担任秘书，处理过很多博彩职工的劳资事件。

当时澳门的博彩业是一家专营，澳博管辖着旗下大大小小数十间赌场和赌厅。正因如此，博彩职工的待遇并不优厚，以工时与工资为例：博彩员工比制衣工人还要辛苦，没有员工假期，工作不定时，分中更、下更、半夜更；每更是四个小时，有一些员工做完四个小时便要回家，之后又要等四小时再回赌场工作；员工月薪只有五十元——象征性的工资，每月收入的多少，就要看自己努力赚来的小费，所以员工间时有发生抢小费的现象。当然，也有一些老练的职工每月能收入过万，令当时众多青年人都趋之若鹜，纷纷投身博彩业。

我是看着时代在变化的，现在赌权开放，博彩职工的待遇已比以前老一辈的好很多了。

制衣工会的活动“宗师”

我对工会感情很深，一直是制衣工会积极活跃的分子之一。以前工会的班组活动有很多，我特别喜欢太极拳和北少林拳，还学过交谊舞等。制衣工会历届的会庆，我只要有空，都担任表演嘉宾，表演太极拳、太极扇和唱歌等。我还参加过1999年“庆回归千人太极操表演”、工联举办的长者舞蹈比赛等。

制衣工人的假期很少，所以每当有假期，工会都会组织旅行，工友的反应都相当热烈。

我退休后，人老心不老，每天早上七点至八点，会在花城公园和一班长者们一起耍太极，现在也继续学跳交谊舞，时常在工联和望厦的老人中心教长者们跳交谊舞。我感到生活很充实，可说是比以前更忙了，我的身体也健康得多了！

制衣三十载

蔡文兰／口述　杨慧妍／整理

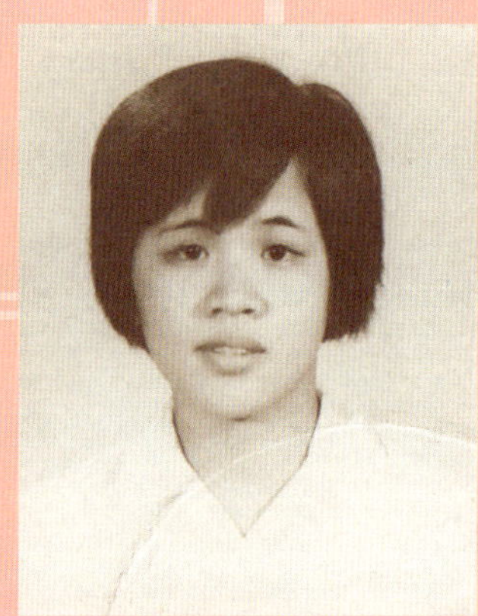

时光飞逝，日月如梭，转眼间澳门的制衣业已跨越半个世纪。随着社会的迅速发展，制衣行业逐步衰落。蔡文兰在制衣业的鼎盛时期加入，在制衣业的暗淡时期退出，但她仍然对制衣业十分关注，自2004年起担任制衣工会的义务秘书至今，致力于为工友们争取权益。

不向贫穷低头

我叫蔡文兰，原籍广东南海，1955年在澳门出生。我家里共有七兄弟姊妹，两个哥哥、两个姐姐和两个妹妹，我排行第五。我们家在新马路区附近的租屋住。

记得我在劳工子弟学校就读小学时，由于家庭条件不好，很少参加学校的活动，每天放学后就从事手工业帮补家计，例如穿珠片……升初中时，我转到

蔡文兰（前排右一）与工友合影留念

蔡文兰（前排左二）与友人游玩留影

了商训夜中学。那时我家人对我继续读书十分反对，由于家里兄弟姊妹众多，父母认为小学毕业已经足够，而我的兄长也只完成了小学课程，所以母亲希望我也能像他们一样，早点投身社会帮补家计。但是我还是努力坚持，终于争取到读书的权利。我一方面需要赚钱来维持生活，另一方面还需要自付初中学费，所以我早上在制衣厂工作，晚上便到商训学校，继续完成初中课程。

当时的商训学校是一所夜校，每天上课约三个小时，从晚上七点十五分上课至十点下课。学校学生大多数是半工半读的，有些年龄还比较大。记得那时我十多岁，但有些同班同学已有二十多岁。有时如果工厂需要加班赶货，我们

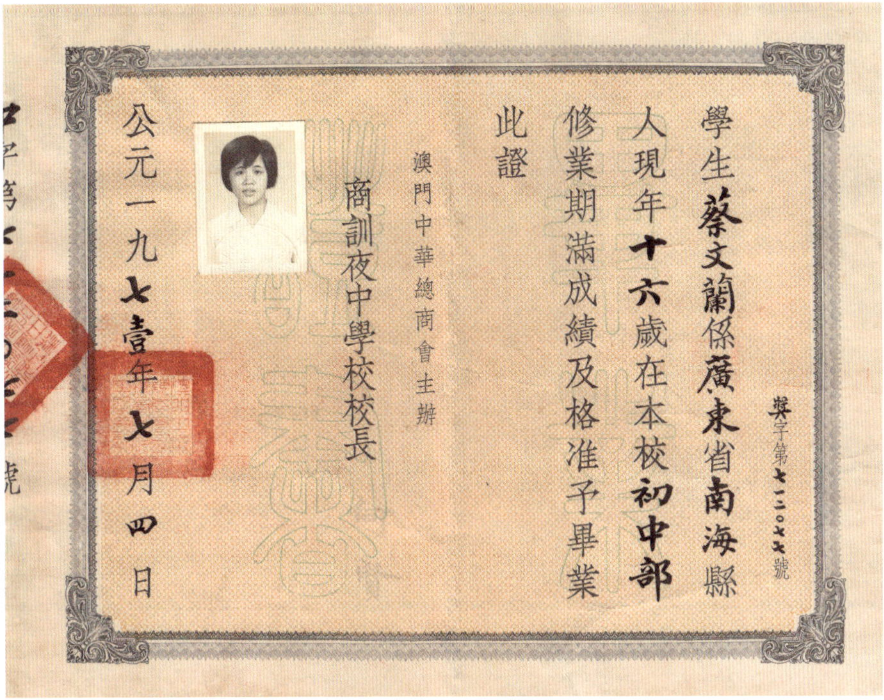

與字第七二〇七七號

學生蔡文蘭係廣東省南海縣人現年十六歲在本校初中部修業期滿成績及格准予畢業此證

澳門中華總商會主辦

商訓夜中學校校長

公元一九七壹年七月四日

蔡文兰的商训夜中学毕业证

这些员工必须继续赶货，就需要向学校请假，但学校并不责怪我们。那时在商训学校读书的学生，大多像我这样，早上做工晚上上学，所以学校和老师们都很谅解我们这些需要做工的学生。

二十世纪七十年代，澳门的高中并不多，我初中毕业后便没有继续读下去。但就当时的女生而言，能够初中毕业已是一件很了不起的事，当时连小学毕业的人都不多。

蔡文兰（中）大学毕业留影

后来我也曾修读过一年的会计及一些计算机课程。2002年，我还报读了工联举办的大学课程，持续读了六年与社会学有关的学科。

今年（指访谈当年，2008年）正是我大学毕业的一年。当初我修读大学课程，是由于进入社会工作后，渐渐了解到自己知识贫乏的一面，希望通过进修来丰富自己，从而萌生出读大学的念头。毕竟已放下书本多年，在这个过程中难免会遇到一些困难，但幸好有家人的支持与鼓励，让我能一直坚持下来。

蔡文兰（前排左一）与工友活动留影

制衣三十载

二十世纪六十年代的澳门，行业种类很少，适合女生的工作更是少之又少。那时的澳门女生，大多投身手工业以及制衣业。我母亲和姐姐都加入了制衣业，我也随之踏入这一行业。

1970年开始，我就在澳门一些小型厂房学习车衣技巧，那时我正在商训学校就读初二。还记得我最初学习车衣的厂房里，只放置了几部衣车，规模很小，称不上是工厂。当时的薪资是按照做工的速度、加班的时间以及制造衣服

蔡文兰（右二）与工会人员前往工厂参观交流

的数量来计算的，我那时还处于学习阶段，所以收入相对较少。经过差不多一年时间的学习后，我开始正式投入制衣行业。

我正式投入工作的第一间工厂，是位于黑沙环的万国制衣厂，其货品主要在本澳销售。当时我八点半上班，十二点半放工回家吃饭，再从两点整工作至三点半，半个小时休息，四点整再工作，一直工作至七点才下班。以前经常需要加班，通常加至八点半，但有时会因不准时落货而加班至夜里三四点。有些工友因任职于较重要的部门，如包装部，甚至需要通宵加班。

随后我转到了德祥制衣厂，担任车板工作。就当时而言，我认为车板可算是制衣厂中较为轻松的工作，不用加班，而且工作时间较短，因此这项工作我持续做了好几年。

那时工厂里的男工相对现在来说多很多，几乎占全厂人数的三分之一，而且男工们主要处理一些需要较大力气的工作，如上领、牛仔裤、埋夹以及上裤头等。但随着科技的发展，现在女性也能胜任这些工作。

中华人民共和国澳门特别行政区成立招待酒会，蔡文兰（右一）与与会人员合影留念

七十年代末，制衣行业人手相当缺乏，很多工厂为了吸纳更多的人手，曾实施“介绍费政策”，即只要介绍工友入厂工作满一定期限，便有三百至五百元的报酬作为介绍费。

到了八十年代初至九十年代期间，由于改革开放，大批内地人来澳工作，制衣工厂聘请了很多内地人。我在这期间已由车板技工升为指导员，几年后，更升为车间主管，月薪由四千增加至六千，而我的工作主要是负责制造衣服的程序以及安排货品价目等。

在这样的职位上当然有相当大的压力，幸好有几位指导员跟随我工作，协助我分担和处理部分事务。

2004年，我退出了制衣行业，现已转行为制衣工会的义务秘书，并担任现届工会的副理事长。

投身工会　服务社群

七十年代我在朋友的介绍下加入了制衣工会。当时长辈们都认为制衣工会是一个很正派的团体，所以他们都很支持我参加。工厂下班后，很多时候我都会与工友们一起到工会当义工，或参与一些工会活动。在工会，我曾担任了约十年的理事长，策划工会活动，并担任过一段时期的点心教师。

八十年代，澳门还没有劳工法保障工人的权益，制衣工人常常因减薪问题与雇主发生争执，有时甚至会团结起来一起罢工。他们也会到工会寻求帮助，工会便会派代表和员工们一起找雇主讨论，为员工们争取应有的权益。

蔡文兰（右一）参加工友生日会

蔡文兰（右四）参加工会活动

近几年，我在担任工会秘书期间，曾遇到一个案例：有个无良雇主以工厂倒闭为由，拖欠了一位看门老伯三个多月的薪金，但事实上那位雇主已把工厂卖掉，赚取了十多万元。我们也帮不到老伯，眼看雇主带着金钱逃之夭夭，十分气愤。

虽然现在政府已实行了劳工法例保障员工权益，但仍有一些无良雇主为了一己私欲而走法律空隙，逃避法律的制裁。因此我希望政府往后能多聆听工人们的心声，令他们的权益更好地得到保障。

“我喜欢车板的工作”

胡宝莲／口述　谭佩如／整理

五十多岁的胡宝莲，大半生时间都在制衣业中打滚，尽管制衣业已渐渐式微，但她对制衣的热情依然没变，一直坚守着自己的岗位。

不辞劳苦只为家

我叫胡宝莲，1956年在澳门出生。小时候与父母和八兄弟姐妹居住在镜湖马路一带的“唐楼”。我从小就很好动，常常与左邻右舍的小朋友在街头追逐。当时的街上很少有车辆经过，居民友善，治安很好，晚上在街上睡觉也不担心会被抬走。

我在家排行第四。当时我家经济条件较差，我在劳校读书期间，就要做

胡宝莲（后排左一）与友人活动留影

胡宝莲（后排左一）家庭聚会留影

一些搓炮、穿珠等零工，但赚的钱连三餐都不能支持，家庭收入全靠父亲开的洗衣店。即使这样，我小学毕业还差一年便被迫辍学，踏入社会工作。

走向制衣的人生

初进社会，我进的并不是制衣业，而是相继从事过针织、拉链工人和樟木家具学徒的工作，做了一段时间，因哥哥投身家具行业，为免兄妹同行，我决定转向当时很兴盛的制衣业。

胡宝莲（右一）与友人游玩留影

当年从事制衣业有两个途径：一是在行内做杂工，如果得到指导员的教导，便可进入制衣行业；二是到小型工厂学习缝制的技巧，但需缴纳学费。大约是1979年，因为姐姐在行内，我可以免学费到工厂学习制衣。

我做工的第一间制衣工厂叫华记。那时我是学徒，负责车位的工作，工资计件，但收入并不多，而且华记是一间“山寨厂”。几个月以后，在朋友的介绍下，我转向另一间规模较大、位于俾利喇街的工厂，继续当车位技工，主要缝纫牛仔裤。

当时我只懂缝制睡衣，对于缝纫牛仔裤袋口，真是无从入手，幸好得到指

胡宝莲旅游留影

导员的教导，工作很快上手，一天的工资大约二十元，每天工作八至九小时。

两年后，我先后转向金龙工厂、泰和工厂，当车位技工缝制袋口，及后再转向大工厂梅真尼，负责车位。

梅真尼当年在澳门算是一等一的制衣大厂，待遇好，工资高，不然我也不会在这间厂做十多年。每逢上班时间进入工厂，有数百名工人在忙碌，工作间有说有笑，场面十分热闹融洽。这间厂有十多个部门，不同部门负责衣服的不同部位，指导员约有二十人。

胡宝莲（左一）与工友旅行留影

后来越南、缅甸和中国内地的人纷纷来到澳门，各厂借此时机大量输入便宜劳工，厂内人员被大量调动，我当然也不例外，厂长要求我担任指导员。一段时间后，工厂把我组的人数缩减，更让我转做车板的工作。后来厂内的QC(Quality Control，质量监管)走了，厂长便把我升为QC。

雇主转换后，梅真尼改名为恒河。1996年，恒河倒闭，引起欠薪问题。在制衣工会的协助下，由社会保障基金垫支欠薪和补偿金给工人，问题最终获得解决。

我投身制衣业没多久就加入工会，因为当年必须拥有工会证才能回乡，正

胡宝莲（右一）参加工会聚会

好我是从事制衣，便顺理成章加入了制衣工会。

后来因为工作忙碌，有一段时间没有联络工会，到1999年，我重返制衣工会后，一直参与义工工作。其间，由担任义工至理事，到成为现届理事长，在这过程中我很感谢理监事成员对我的支持和信任，以及工会给予的培养。

风光不再 魅力依然

除了工会外，工厂的生活亦带给我很多的回忆。旧时回到工厂，门口已有数百人正为工作而忙碌；可是现在，人数少了，本地人占据的比例也少了，从

胡宝莲（右一）在工会活动

前一起上班一起谈话说笑的工友，很多都转向另一行业发展，制衣工业已渐渐走向式微。

我喜爱制衣业，行业虽已风光不再，但是我依然每天早上回到工厂，继续我的制衣事业。现在我的工作是一位板房主管。当年在板房工作，每年只有两季起板，年头起板，年尾交货，而现今的制衣业节奏已变得很快，七月起板，八月出货，九月已在市场出售。

现在从事制衣业相比旧时，真是忙碌得多了。十多年前，有一次客户临时需要第二天拿货，我们一组十多人被迫通宵赶货，直至第二天早晨六点才完工，之后全组员工都回家休息，可是身为指导员的我，必须负责该批货余下的事，直到当天下午才能回家休息。辛苦过后，我也领悟了一句话："客

工会组织的旅行活动留影

户永远是对的。”

制衣的满足感

每件衣服的出品，样板可由工厂的板房设计或根据客户的需求而定做，然后经过不同车位的缝纫，再由QC对每件衣服进行质量检查，才让该批衣服出口。多项工序我基本全都担任过，然而我最爱的工序还是板房设计，即使转移到现在工作的厂，我依然选择板房的工作，板房设计能带给我成功的满足感。

我从事制衣将近三十年，经历制衣业由兴盛到式微的每一阶段，虽然很迷茫，但是除非制衣业在澳门再没有立足的地位，不然我都会继续坚守制衣业。

尽管现在制衣工作很忙碌，但是我依然乐在其中。

从普通的制衣女工到劳工界代表人物

关翠杏/口述　阮玉笑/整理

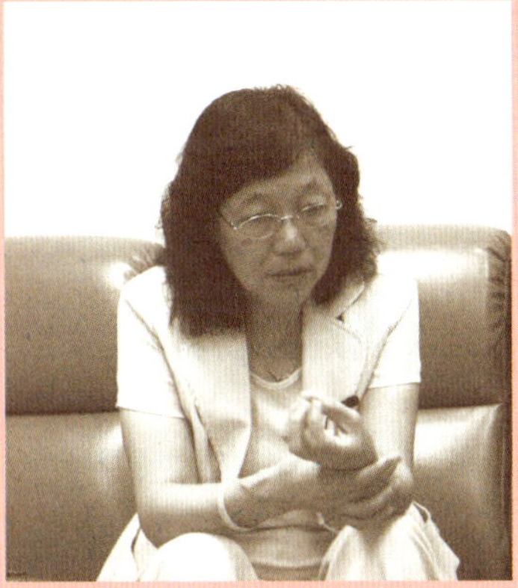

关翠杏，现任澳门工会联合总会副理事长、立法会议员，曾担任制衣工会、制造业总工会秘书工作，1991年被推选为制造业总工会副理事长，1992年担任由政府和劳资双方所组成的三方协调机构——社会协调常设委员会执行委员，积极就劳动范畴法律法规的制定和修改提出意见和建议。她三十多年来一直为基层打拼，竭力为劳工阶层争取权益，并赢得“敢言敢拼”的称号。

贫苦家庭出身

我出生在二十世纪五十年代澳门一个环境较差的家庭，爸爸是理发匠，妈妈是家庭主妇，家里共有八兄弟姊妹。我还小的时候，一家大小租住炉石塘一个两房一厅的木板隔间房，其中一间房又另外租给别人。我们的生活相当困苦，当时经常没饭开，要跟着妈妈去巷口找米铺赊米；天热时，因为爸爸的“飞发档”要有风扇，就把家中仅有的棉被拿去典当，天冷时，再拿风扇去当铺换回棉被。小时候我见多了这些事情，我跟自己说，一旦有能力，我一定要努力改善家里的情况。

20岁的关翠杏与工友游玩时拍摄

关翠杏在葡京酒店前留影

当时澳门的经济环境好差，可以从事的行业其实不多。在我小学毕业时，适逢香港许多制衣厂转到澳门经营，给了我一个入行的机会。当时要入制衣行业并不简单，需要付钱学师，我家里好困难，可是我还是想办法筹了六十元，去下环街一间制衣厂做学徒。在完全没有收入的情况下，我做了差不多半年，掌握了制衣的各种工序和所有的车种，之后我就自己出去找其他工厂应征，经过严格的考核后，我获得录用，从此开始了从事制衣行业的生涯。

我最记得有生以来第一日收到工资的情景。当时我好勤奋，做得很快，全日计人工，就是按生产的件数计算，工资也只有一元二角，就是这点钱，对我来讲记忆都好深刻。

在织造业里谋生计

我入职两年多，由于制衣的收入不是太好，后期在小学校长的介绍下，转行从事手袜行业，做了整整八年。然后转做女性内衣生产的行业，做了几年后又转回做制衣。可以讲，从1962年底入行，至1984年中，我一直在这几个通过衣车来生产的行业中转来转去，虽然产品有所不同，但始终未离开过织造业。

这二十多年，是我成长的重要时刻，我从只懂“揾钱”养家、两耳不闻窗外事，渐渐变得积极参与工会事务，亦奠定了我这几十年来敢于为工人争取权益的人生走向。

关翠杏（后排左四）参与制造业多个工会联合派发工业安全宣传单的活动

成长的历程

我做事讲求认真负责。在工厂工作时，我对自己的产品要求严格，属于技术很好的，所以很多新人都由我负责带教。带新人，是没有工资的，很多人都不是很愿意做“义工”。不过我认为：我有机会去工厂工作，真是好开心，虽然我年纪比较轻，但当时澳门整个社会好穷，我已经可以为家里分担经济责任，所以我觉得有责任去帮那些穷的小朋友。

平时我在工厂会打抱不平，见到一些新人或者不太得老板喜欢的人被压价时，我会主动“帮口”议价，主要因为我自己是比较穷的环境出身，看到那

1986年“五一”国际劳动节，关翠杏受全国总工会的邀请，作为五个劳工界代表之一，前往敦煌等地考察

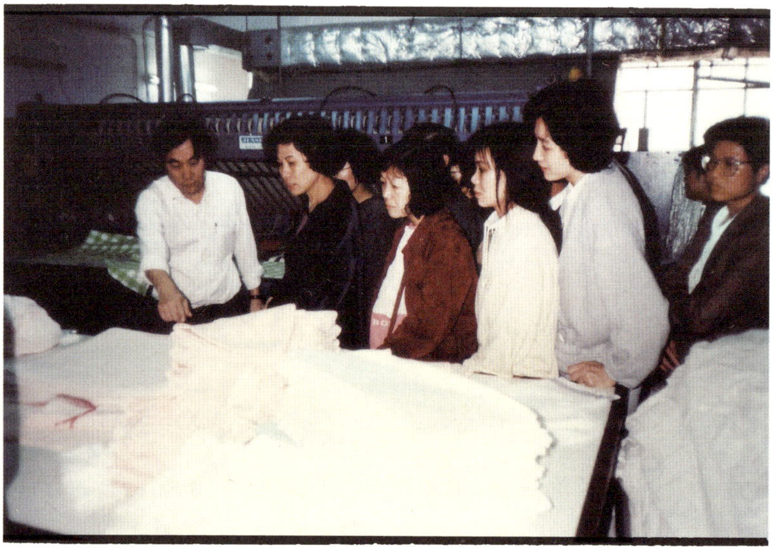

关翠杏（左三）与工会专职人员一同前往工厂参观交流

些比我小、和我差不多背景的女仔“比人虾”，就觉得好凄凉，所以会尽力帮她们。

有了这些乐于“带”人、帮人的经历，加上自己也有点技术，慢慢地，我在工厂得到工友和老板的尊重。这个过程中，我亦慢慢明白，人一定要通过一些条件去增强自己的能力，有条件、有能力，才能为自己争取权益或者帮别人解决问题。

不过，和绝大部分的打工仔一样，我最初进入社会工作，一心只为赚钱，希望能尽快改善家里的生活，所以一直都好勤奋地在织造行业“搏杀”，早上工厂八点半开门，我七点半已在工厂门口等，夜晚亦做到七八点才收工。

那件事影响我的人生走向

这种只懂得“揾钱”的状况，一直维持到1966年。那一年年底发生的“一二·三事件”，影响了我的人生走向。

整个过程现在回忆起来，其实都好模糊，我只知道当时有人被打，有好多人去澳督府抗议，我还亲眼看到市政厅前面的铜像被人拉下来，也看到葡国兵开枪，我被吓到逃走。但是整个事件使我受到好大震动，也相当困惑，令我开始思考个中来龙去脉。那时我十六七岁，我就在想：是否应该要做些事情呢？是否整天都只顾着赚钱就觉得很好了呢？

那次事件之后，我爸爸开始经常回理发工会，我也跟着爸爸一起去。

我参与工会工作还有客观原因。我和妹妹在工厂工作了多年，已经有一定积蓄，而且买了楼，家里的经济环境已经得到改善。而且那个年代，没有收音机、电视机，同辈的人都没有什么文娱活动和信息，最多就是看看报纸，追下连载小说。所以“一二·三事件”后，我就开始回工会参与一些群体性活动，学唱革命歌曲，晚上参加工会组织的文娱生活。

协助处理劳资事件

参与工会活动，与协助处理劳资事件是两回事。在1974年，我第一次组织工友罢工，纯粹出于“帮人”的热情，觉得要挺身而出，但是不懂得该如何下手。

关翠杏（台上讲话者）协助处理恒河制衣厂欠薪事件，成功为工友追回应有权益

当时我所工作的制衣厂，有一名裁床工，不知因为什么事与“事头婆”（即老板娘）发生争执，结果被解雇。那名工友回工会投诉，工会的书记（即秘书）潘玉兰对我说：“你们厂的事，你想下办法怎样组织那些人谈下，看看可否集体争取。”

由于澳门当时未有劳工法，亦没有劳工局，工厂都很崇尚团结自救的精神，认为做什么都一定要齐心，否则什么也没有。

当时我就自己想办法，亲手写蜡板油印通告，通知工友回工会商量，组织代表和公司谈判。

关翠杏（中间居右）动员行业工友关注社会事务

谈判下来，资方态度强硬，我就决定发动全厂二百多人罢工。我们连续罢工十七日，工厂固然受损失，但工友同样是手停口停，尤其是有家庭负担的工友压力好大。工友们虽然没当面抱怨，但是我感觉大家真的好困难，双方陷入僵局的十多天，我也在思考如何去解决事件。

我先是想到去求助市政厅（当时叫市行政局，即现在的民政总署前身），但当时厅长不肯受理，不过为我们指了一条“明路”：“你们的事不是市行政的事务，如果对我的响应不满意，可以去民政厅告我啦。”

结果我们真的去了民政厅。民政厅厅长介入后，市政厅只得跟进事件，通知工厂的香港大股东来处理。两日之后，工厂决定用回被裁的工人，工潮取得胜利。

事件解决后，我继续在工厂开工，但处处被“事头婆”针对，连续三个月逐件逐件查我的产品。

越是这样，我越不服输。越是被针对，我越要做好自己，我要做一个榜样给所有工友看，我们不会屈服。面对老板娘的刁难，我无论如何一定要硬气，不可以低头，因为我会影响到所有的工友，他们大家对我有期望。另外就是影响到以后的人的争取，我不可以因为被针对，就向老板娘低头。

我日日照常返工。三个月后，老板娘终于认输，决定升我做指导员，由我来管工友。但这个时候，我选择了离开。因为在工潮中我已经正式获胜。

其实事后总结整个事件，我们付出的代价太大。这次罢工我们虽然赢了，工友亦都信我，但为了一个人，令全厂二百多人十几日没收入，是否一定要如此激烈？其实有时可能未必。

工会专职人员

无论如何，该事件对我影响很大。之后，我开始积极参与工会的工作。

1984年6月中，当时的工会书记潘玉兰调职工联，于是工联要求我全职回工会。虽然工会能够给的工资是一千一百元，比我在制衣厂一千七百元的月薪

关翠杏获颁大专文凭

另计加班的收入差一大截，但我想，既然自己的家庭经济压力不算太大，这份工作又是我喜欢的，特别是帮助基层争取权益一直是我的追求。于是我最终答应了回工会，开始了工会专职人员的生涯。

因缘际会，那年9月份，澳门第一部劳工法诞生，工会开始由街头抗争走上依法维权的路。在这个转折期间，我不断熟习劳工法，由不懂到懂，由懂到熟。

在任职工会期间，每年至少有三五十宗的求助个案需要协助处理，而我一直在基层、在工会为工友打拼，从来没有想过要担任什么职务。但是在工作过程中发觉，因为太多机会要和政府部门，特别是跟劳工局打交道，大家认为始终还是要有个理事层的身份才便于工作。所以，当制造业总工会成立后，我同意参选，成为理事会成员。在我看来，这些只不过是一个称呼上的变化，工作没有改变。

十年艰辛求学路

如果说诸多劳资个案处理历程，坚定了我为基层而打拼的信念，长达十年的艰辛求学历程，则为我日后的奋斗提供了基础和条件。

关翠杏获颁本科文凭

我十二岁投身制衣行业，当时只有小学学历，虽然会在工余时间看看小说、写写文章，但系统性的进修还是较少。1986年，工联看到工运的发展形势，认为有必要提升工作人员的素质和能力，于是专门开设了中文高中课程，我抓住机会，开始参加学习。之后我又参与香港工联和香港大学、暨南大学开办的社会行政学课程。在此期间，我和其他九个人，每个周日都到香港大学校外课程部上课，总共用了三年的时间，读完两年的大专课程。

考虑到时间和金钱的付出，澳门工联决定在澳门自行开班，继续余下的课程。为了筹设这个班，中间停了三年的时间。但我个人的学习并没有因此停下来，我又另外在广州一所大学进修了另一个社会学的校外课程。

所以从1987年开始学习中文高中课程，到1997年拿到香港大学和暨南大学本科毕业文凭，整整十年，我用尽所有的工余时间去读书。我做梦都想不到，自己三十多岁会去读书，亦想不到最终会拿到一张从小就渴望的文凭。

其实我都没有想过，拿到这张文凭对自己有什么作用。只要是增加自己的知识，有利于我的工作和人生，对我今后知识的提升，尤其是对我工作上梳理很多经验有帮助，就是最大的裨益了。

十多年的议会生涯

基于回馈工联的栽培之恩，考虑到参与“澳人治澳”的光荣感和使命感，希望将基层的声音带入议会，在建制内为基层争取更多的东西，我考虑了很久，最终答应参与1996年的立法选举，开始了十多年的议会生涯。

初入议会，我很多东西都不知道，法律之中亦只是懂得劳工法。一直以来，我的目标都是为劳工争取权益的，我以为只要懂这些就可以啦。其实不对。我除了在议会为劳工界发声，十几年下来，随着经验的累积，亦逐步从关注劳工权益的范畴扩展至社会政策、政府监督、各类民生事务等问题。

对澳门制造业发展的看法

讲起制衣工人的薪酬待遇变化，1962年9月份我学师的时候，制衣行业的收入不算太多，但都算可以支撑生活，相对于那些手工业来讲，收入好一些，比起针织行业就差一些。八十年代中期，是制衣行业的黄金发展期，但由于有大量的移民涌入，供求关系发生了变化，工资反而降低，很多工人是不满的。1988年，澳门就开始输入外地劳工，但是那个时候有大量的货品生产，所以尽管有好多问题，但是外劳的冲击还是可以接受。到九十年代末，当制造业逐步北移的时候，澳门制造业工人的收入逐年下降，现在差不多已经成为全澳门收入最低的行业。总之，制衣工人的待遇和这个行业的兴衰有着直接的关系。

我从制衣行业出身，至今亦一直关注制造业工会事务，对这个行业有着“爱之深、恨之切”的感情。澳门的制造业要有发展，要有很大的转型决心，需由投资者作主导，从整个经营理念做出转变。

这是很痛苦的过程，现在无人愿意走这条路。特别是在澳门这种经济环境下的投资者，看的是短线、“赚快钱”，不会有新的思维，亦都不愿投入更多的资本做出改革。

因此，我认为，不管政府有多少的扶助政策，如果投资者不下决心转型，

一九九四年二月九日 星期三 華澳郵報 農曆甲戌年十二月廿九日 第二十版

從製衣女工到工會活動骨幹

關翠杏關心工友疾苦
爭取工人權益日夜忙

1994年，《华澳邮报》对关翠杏的报道

所做的一切不过是苟延残喘。

现在的跨境工业区对澳门来讲，根本没什么作用，连挽留澳门工业也做不到，遑论令工业升级、转型。工业区只不过是让个别投资者利用澳门和内地的关系、借CEPA（《内地与澳门关于建立更紧密经贸关系的安排》）的便利，以牺牲国家税收的代价获得更多的利益而已，看不到对澳门工业多元化有好处，亦达不到解决结构性失业的初衷。

一点期望

回首制衣工会这几十年走过的历程，我对它仍有所期待。基于这个行业已经式微，可以预期，这个行业的工会在现有基础上，难以有更大的发展。但只要这个行业一日存在，工会就仍然需要存在，业内工人的权益仍然需要工会去维护，工会要做的事就是继续去团结余下来的工人。无论如何，工会在现阶段还有一件事是要做的，就是协助工友在经济结构转型的时期掌握新的技能，从而寻找到一份新的工作。

工会仍然需要因应形势不断求变，才能继续焕发光芒。我自己这三十多年来，也从来不敢懈怠。我始终坚持本心，在议会上做好劳工界的“代言人”，在工运事业中发光发热。

经历制衣业的半个世纪

潘章／口述　林泽隆／整理

潘章先生从一个工厂学徒到现在成为工厂高层人员的历程，告诉我们做人处事需要一个坚定的目标，努力不懈，凡事都要做好自己的本分。他谈了整个澳门制衣业的变化历程，以及制衣业在澳门衰落的深层原因。

十五岁到社会闯荡

我出生于1942年，原籍广东南海，小时候在佛山居住。我家主要依靠织布为生，所以我与六个弟妹从小就经常到织布工厂帮忙。十五岁时，我一个人来到澳门打工，居住在亲戚家中，从此开始在澳门从事制衣业的生涯。

现今的青年人，十五六岁时的青春岁月大多是在中学度过，而我十五岁那时就要到社会上闯荡。初来澳门，我并不太习惯，但很快就当上制衣工厂的学徒。要当制衣学徒，不是单靠勤快和好学便足够的，还要得到工厂介绍人的推荐，而介绍人亦害怕自己的声誉被破坏，而表现得比学徒还要紧张，这的确是“皇帝未急太监急”呢!

当时在澳门，制衣业是一个热门职业，所以我也选择了从事制衣业。

我在大鹏制衣厂当过学徒，又到香港工作了两年，后来听闻有一间大型制衣公司聘请见习学徒，于是我又回到澳门，而那间大公司便是德祥制衣厂，当时称联益制衣厂。

那时候当学徒非常辛苦，刚入行的工人，如果只懂得制衣工作中的一两个步骤，基本上是不可能到工厂去工作的。 你若不能做出一件衬衫，也要懂得做半件，否则便要寻找师傅教授制衣技巧。

学师者快则半年满师，慢则需一年或更长时间。

怀念在工厂的日子

我现在仍然任职德祥制衣厂。我曾经在制衣厂内多个部门工作过，与工友的关系都很好，大家互相关心。每当领了薪水，我们都会一起到戏院买票观看电影，共度愉快的时光。随着时代的变迁，人与人之间的距离变得越来越远。我很怀念过往的日子，偶然忆起，也是一种滋味。

当时我们制衣业的工人，所用的衣车必须自己携带，也可到车行租借衣车，凳子也是自己携带的，真是名副其实的“亲力亲为”。不过电风扇是几个人共享一台，电费是由几位用家共同支付。

我最难忘的事是：我曾在一年内只请了两天半假（不包括节日），其中两天是因为打防疫针后发高烧而请病假留在家休息，另外半天便是到岐关车站接我同乡来澳。

制衣五十年

从一个制衣学徒，到现任制衣工厂的高职人员，当然要付出很大的努力。老板升你职时，你不能觉得是理所当然的事，要自己想一想，你有没有这个能力去承担这份责任。

我对制衣工作的一份热诚与坚持，让我的制衣事业能够一路走到今天。

德祥制衣厂的旧称是联益制衣厂，它在1957年正式设厂，跟同年代的天虹制衣厂一样，是香港制衣工厂在澳门的分部。当时联益制衣厂只有二十人，后

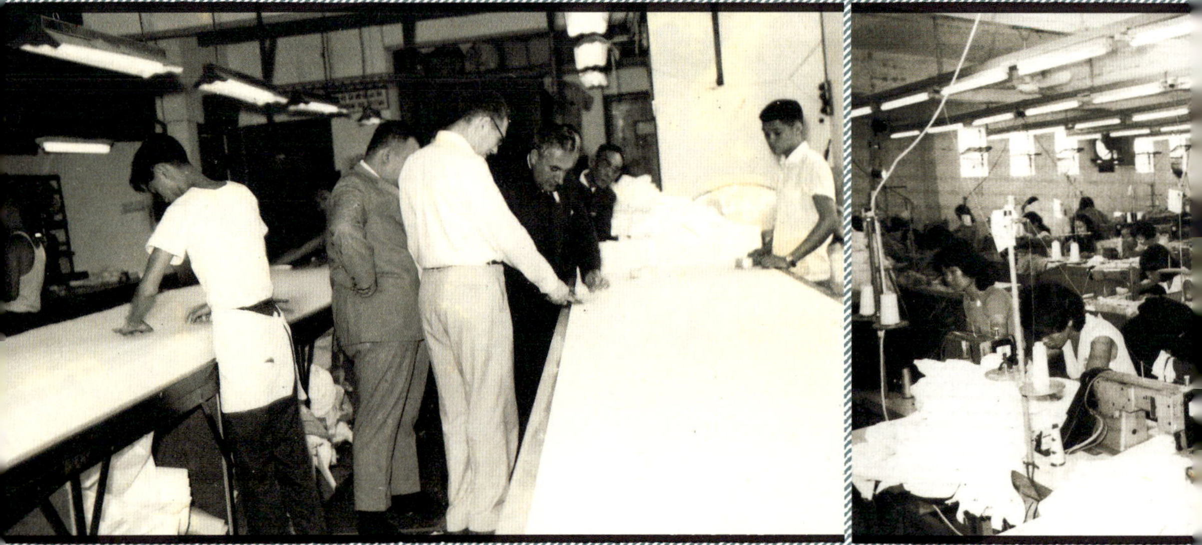

德祥制衣厂车间工作照（一）

来扩展业务，更名为德祥，员工亦增加至约一百人。最鼎盛的时期是在二十世纪八十年代，员工数目曾达到一千五百人，可说是当时澳门的第一大制衣工厂。

其后德祥成为有限公司，并在香港上市。不过，从九十年代中开始，澳门的制衣业急速下滑，所以在2002年，德祥做了一个商业决定，把澳门分部的制衣厂结业，所有的订单迁回香港的工厂跟进。

目前我处于半退休状态，但也会经常到内地珠江三角洲地区处理德祥的业务。我对制衣业有一份独特的情怀，而老板亦希望我继续帮忙，所以我仍然在为制衣业奔忙。

德祥制衣厂车间工作照（二）

苦苦耕耘五十载，我现在已经六十多岁，仍穿梭在珠三角地区。那里的工作环境跟在澳门工作时差别很大，特别是在法律和税项等方面，还只能在周末回澳，平时都在番禺的宿舍居住。我平时不在澳门，有很多的不便，想回澳门的银行和政府部门处理一些私人事情也不行，我已经是半个番禺人了。

最怕开会

在制衣业打滚多年，经过不少风风雨雨，但我最怕的却是开会。小时候，学校组织很多活动，我也参与其中，所以要经常开会；我父母要工作，所以我也经常代替父母到街坊区委会和一些房屋合作单位开会，我感到十分厌倦，最怕就是开会了。

年轻时，我到工会打球期间，曾被邀请加入制衣工会，就是因为怕开会，我没有加入工会。虽然我不是制衣工会会员，但很多创会会员都是德祥的工友，所以我们彼此间都十分熟识，我亦很了解工会的运作方式，也经常参与工会的活动，一直与工会和工友们保持联络。

细说制衣业兴衰

澳门的制衣业如今已由盛转衰。在最辉煌的时期，它的衣物曾出口到澳洲及东南亚，甚至美洲和欧洲等地。从事制衣行业的人数达到数万，制衣业是澳

潘章（右一）参加工会周年酒会

潘章（右一）与工友参加工会组织的旅游交流活动

门最多人工作的行业。

由于产量大，因此澳门当时实施了配额限制，控制其生产量。后来生产成本渐渐上涨，消费也相对提高，令制衣业未能跟上现代经济市场，经营开始出现困难；同一时期，其他地区提供了一些对于出口成衣更优厚的条件，如配额增多、进口税优惠等，使得很多商家都在其他地方设厂；加上旅游博彩业的兴起，澳门青年一代纷纷投向博彩业。

种种原因，使澳门的制衣业走向下坡。

澳门现时制衣业的发展前景十分狭窄。初时我也想过，经济发达的地区不一定容纳不了制造业。最好的例子就是日本。日本的生活指数很高，但是制衣业在当地还是相当成功。要在发达地区发展制造业，离不开两个条件——质量好和生产快。而且内地的生产成本比澳门低，所以在澳门发展制衣业确是一件非常困难的事。如果澳门转型其他行业，如服装、各类奢侈品牌，也会遇到相同的问题。

无论如何，制衣业在澳门曾经有过光辉时期，推动了澳门的经济发展。

德祥制衣厂成品店

生活离不开工会

潘玉兰／口述　梁俊杰／整理

在潘玉兰女士的人生中，不论是在青年、盛年、中年还是老年，她的生活都离不开工会。

个人成长经历

我叫潘玉兰，1945年在澳门出生，在七兄弟姊妹中排行第二。小时候我家就居住在下环街。我父亲是手信店店员，母亲是家庭主妇。

我家家境困难，所以我小时候是读夜校，这样日间能到爆竹厂工作，帮补家计。后来我转读日校时，就没有再外出工作，夜晚做完作业后，帮忙母亲加工一些爆竹。

潘玉兰（右一）参加工会的团拜及生日会

潘玉兰（左三）参加工友的生日会

读完书我就出来工作了，做过爆竹、织藤等工作。后来我见制衣业旺盛，便投身制衣这个行业。我工作的第一间厂是伟兴制衣厂，在那里当一名制衣工人。当时工厂很小，又没有空调，只有风扇。工厂还经常会停工，一停工，我就会跟工友们一起逛街，晚上还会去看电影。这些活动是当时我们最好的娱乐。

我在1964年加入澳门内衣工会，初时只是一名工厂联络员，工作大概就是通知工会有哪些活动，动员工友参加工会。后来，当时的工会书记因身体抱恙要休假，我就暂时替代书记的工作。

过了几年，书记的身体好转，我便打算回工厂再当制衣工人，但是书记叫我留下来继续做，所以我就正式接替了她的工作。

从1968年至1984年，这份工作一做就是十六年。

群策群力　艰苦办会

我们制衣工会刚刚成立时，办公条件很差，没有什么家当，大部分家当都是由工友、工联和友会捐赠或借出的，而地方则是旅业工会借出的。到后期，

潘玉兰（右四）与工友们聚会

潘玉兰（中）在工会座谈会上发言

工会开始慢慢添办了一点办公用品，例如电话。虽然我们有电话可使用，但工友没有啊，所以我们要联络工友，还得亲自上门拜访。我们印刷东西，是将蜡纸铺在一块钢板上，用针笔写好以后油印出来。但做这个工序要很小心，哪怕是做错一点儿，都要重新来过。可见当年工会办公非常艰苦。

工会办活动时，都很担心经费不足，所以很多东西都是我们自制的。茶酒会上的卤水食品是工友自己做的，鸡尾酒也是工友们自己来调。踢球赛时，球衣大家轮流穿，饮用水则是从工会用塑料桶盛水到球场给球员饮用。

当时我们工会有数千会员，只有两个专职秘书。工会的工作从负责打扫整理、搬搬抬抬、洗杯烧水、印刷出版，到召开大会小会，举办文娱康乐，联系、扩展会员，每周举办各种班组活动，处理劳资事件等，单靠两个人是不能完成的，就要靠理监事、联络员、班组辅导员、会费征收员等，大家一起动手。例如为减轻会员经济负担，工会是逐月收费，这样繁重的工作，主要靠厂部联络员在发薪期前返工会开月费收据，然后在发薪的头一两天内，逐个向会员征收，有些要负责收30人至40人。发通知和会讯也是靠联络员派发，这就使工会省下大笔邮费。

工会很注重开展厂部工作，在一些大厂也成立基层小组，为厂内工友争取福利、改善待遇，并注重开发新厂的工作。有些工作人员为了方便接触新工

潘玉兰（左一）参加工会会庆聚餐（一）

潘玉兰（右三）参加工会会庆聚餐（二）

友，有意转到新厂工作，开发新的阵地。为了办好工会、服务工友，我们有不少理事和联络员，都不惜损失自己的利益而无私奉献。他们在工会做事，非但不收分毫，相反自己出钱出力。一事当前，先人后己，如年尾工会卖年货和腊味，先让工友挑选优质货，剩下的货尾才由工作人员按原价购买。

兴旺发展话当年

二十世纪六七十年代，澳门制衣业开始发展，很多人都从事制衣业。我们工会便想方设法吸引工人加入工会，例如举办各种兴趣班，如裁剪班、歌咏班、编织班以及乒乓球班等，其中以乒乓球班最受欢迎。除了这些传统的兴趣班外，工会还举办了一些贴近潮流的兴趣班，有美容班、交谊舞班、健康舞班、摄影班、点心班、吉他班、绢花班等。办美容班和交谊舞班时，工会也有一点担心，怕社会上批评工会办一些资产阶级的玩意儿，但最后工会还是办了，而且极受欢迎，一办就是十多期，欲罢不能。为了优化教学质量，工会还外聘教师和增添设备。透过这些兴趣班，吸引了不少工友加入工会。

另外，加入工会还有不少福利。当年工会举办多姿多彩的活动，有"腊味会""储蓄会""买年货""小卖部""保健卡"等，其中以"腊味会""储蓄会"最让人怀念。"腊味会"，顾名思义，就是与腊味有关。每逢岁末，人人都希望能够吃上一些腊味，但买腊味却要花上不少钱，于是工会想出一个办法，就是供款。每位工友每个月将两三元存在工会，到年末就有一笔颇大的钱，然后工会统一订购，这样便能得到一些折扣。

"储蓄会"是把工友的钱统一来存，这样便多一些利息，年末就连本带利发给工友。记得我和其他义工从银行里提钱回工会，总是胆战心惊，害怕会给别人偷走。把钱拿回工会后，也不敢踏出工会门口一步，连吃饭都是叫外卖的。

我们工会为提高工友的爱国情操，热心为工友、工会服务，就要提高思想，要有奉献和服务的精神，所以就开展学习班和"天天读"。"天天读"是"文革"时期工会的一个号召，鼓励大家天天读书，天天学习。工友用早上还没上班的时间来学习，学习约半小时再上班。当时学的都是毛主席的著作，如"老三篇"等。这个活动只办了一年多就停止了，但一些工友仍利用晚上工余时间来持续学习。

潘玉兰（右二）出席工友嫁娶活动

我们制衣工会，高峰期有近万名会员，其发展状况就如波浪般，是与行业旺淡季分不开的。最多人入会的时段，是七十年代末的新移民潮时期，由于当时从澳门到珠海拱北不用身份证，凭工会证就能自由进出，因此当时工会有很多优势。单凭一张工会证，便可到银行开户，可以前往内地，所以吸引不少人加入工会。

工会的活动一向很受欢迎，但到了后期，不少工友转职，部分工友生儿育女，照顾家人，导致参加工会的人越来越少。当时工会流行一个说法，叫“过三关”：一是“恋爱关”，意指恋爱期间；二是“结婚关”，指结婚前后；三是“家庭关”，意指子女出生后。这三个时期都会使工友较少回工会参加会务和活动。

潘玉兰（右一）与工会40周年会庆乒乓球邀请赛得奖者合影

为工人争取合理权益

我们工会成立至今，一向是以维权为宗旨。当时的劳资纠纷，主要是裁员、没有带薪假期、薪金过低。由于当时劳工法还未出台，没有法律保障他们的权益，工友遇上问题，就会在工厂里挑选一些代表，联同工会去跟雇主谈判。工会就会陪同他们，同雇主谈判。

令我印象最深刻的劳资纠纷，是在七十年代，青洲有一所制衣厂的雇主，转换计算薪金的方式，工友觉得不合理，便向工会寻求协助。工会派了代表跟资方谈判，但谈判并不是一朝一夕的事，有一些工友便向资方施加压力，停工抗议。而厂方没有让步，不让工人们进厂，结果使整间厂停工。当时几百名工友在厂房大门前坐下抗议。在他们行动的坚持下，工会有机会主动与资方进行谈判，事件最终获得解决。

经此一役，工友们不但增强了团结，还增加了对工会的了解，数十名工友成为制衣工会的会员。

工会处理劳资事件，是以工友的利益为依归，但亦会考虑经济环境和实际情况，所以工会以“有理、有利、有节”这六个字，作为处理劳资事件的大方向。“有理”，就是有道理，工友并不一定全对，工会会先分析工友是否有理，如果有理，工会便会支持工友。“有利”，就是有利的时机，假若厂房都停工，那样谈判也没有什么用；但假若厂方需要赶工时，那就是工友们的时机，能够为工人们争取最大的权益。“有节”就是有节制，双方都做一些让步。

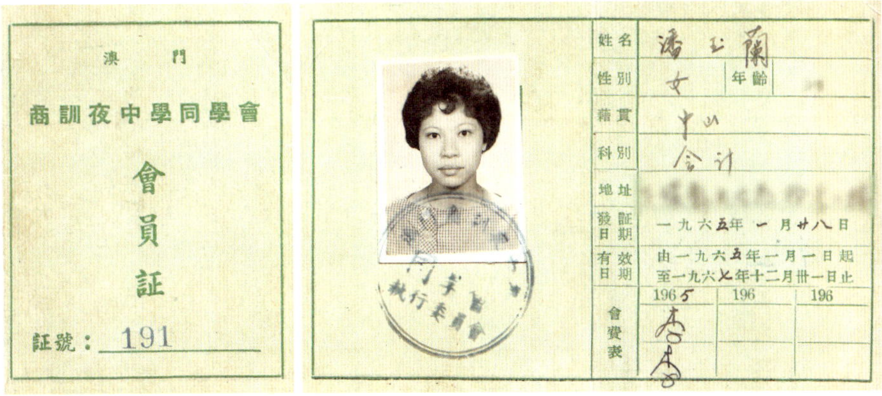

潘玉兰的商训夜中学同学会会员证

潘玉兰获颁大专文凭

根据这六个字的大方向，工会处理这些劳资事件的成功率达到百分之九十以上。这些方法都是劳工法实施前，工会所用的方式。

1984年劳工法实施后，工会便开始强调依法维权。近年工人的福利已比以前好，例如有了解雇补偿、带薪假期、带薪产假、工伤赔偿等。

现在澳门制衣工人主要面临四大问题：一是输入外劳，二是收入过低，三是开工不足，四是整个行业逐渐式微。四大问题严重冲击澳门本地制衣工人。

持续进修　不断进步

我从劳校小学毕业后，在商训夜中学读了半年初中就开始工作，但是我没有忘记需要持续进修。我曾在商训夜中学读过会计，后来就读暨南大学和香港大学合办的大专班，当时是念社会学，我还记得当时要经常到香港、澳门两地上课。

我的努力没有白费，1984年，我转职工联，后来当了工联会长和澳区人大代表。

2007年我退休了。但是只要需要，我还会回到制衣工会和工联参与会务工作。

我的命运与工会紧密相连，我的一生都离不开工会。

制衣业摸爬滚打多年

梁荣／口述　陈达尧　易佩珊／整理

梁荣桂，这个名字在制衣行内可能没什么人有印象，但当说到“梁荣”，大家就有记忆。梁荣桂与梁荣是同一个人，梁荣桂是本名，梁荣是他在社会中的习惯用名。

看着制衣工会众多的相片，很多张都有梁先生的踪迹，他的笑容是灿烂的，令他有如此的欢颜，是他和制衣工友一起相处的快乐日子吧！

少年辍学 踏足社会

我叫梁荣桂，今年（即访谈当年，2008年）已六十二岁，在澳门出生。童年时，我和父母与妹妹居住在炉石塘。我家里的经济环境不理想，生活十分艰苦，有时甚至连学费、三餐也成问题。

我父亲从事家庭式制衣业，他是做唐装的，完成一套唐装大约要花半天至一天的时间，才能赚得一元三毫的工资，但一天的生活费就差不多要用去一半，所以生活也很困难。

梁荣（右）与友人在井冈山留影

1963年，梁荣（中）与工友在工厂除夕联欢会合影

我小时候很想读书，很多小朋友也是一样，但家里的经济条件根本负担不起。以前就学，除了要付学费外，还要付下学期的按金，是为了防止学生中途放弃学习而离校。按金是二十元，看似很小的费用，但是我家实在负担不起，所以逼得我要辍学。

我曾经在别人的介绍下入读过位于炉石塘的木艺工会（又叫上架行会）子弟学校，并且完成课程小学毕业。不是那个行会相关人员的子弟，是不能入读

1964年，梁荣（前排右一）与工友在竹湾海滩活动留影

那间学校的，幸好得到朋友的帮忙，我才能入读。它的收费也很便宜，所以我父母才能负担得起我和妹妹在那里读书。

后来我去了商训夜中学就读，还在初中一年级上学期，因为支付不了下学期的按金，我就辍学了，十四岁那年便出来工作了。

澳门杂忆

我记得林茂堂以前是一个木材遍布的地方，所以才会有这个特别的名字。卖木材的地方是在林茂堂，而从事木材后期加工的地方却在炉石塘，那里有很

1971年，梁荣（后排左一）与工友在白鸽巢公园活动留影

多木艺师傅，所以每年鲁班诞，整条炉石塘街都非常热闹。

当年商训夜中学位于现在的培道小学那里，它是一间社团学校，是中华总商会开办的，很多老一辈的澳门人曾在那里就学。

以前澳门每个行业都有特定的学校就读，如位于黑沙环的菜农学校是农家学校。这些学校都是社团办的，并且校内授课的老师都是刚刚初中毕业的学生，他们是半义务来教导学生，所以这些学校的学费才会那么便宜。

旧时澳门的学习风气很好！学生对老师十分尊敬，老师亦对学生很好。

从前没有补习班的，老师教多少我们就学多少，自己的成绩都要靠自己努力争取。澳门的教育很早便已出现升留级制度，学生打架便会被校方开除学籍。当时的学生都很珍惜学习的机会，很少会打架。

过去的学习环境不好，地方小，班房少，是全澳学校的普遍现象，所以一间课室会出现不同年级的学生在一起上课，甚至同一时间同一课室，由一位老师教授两个不同班级的学生的情况。

我小时候很好动，经常与朋友们一起爬大炮台山。当时的大炮台山没有现在那么完整，是一座烂泥山坡，很多小朋友喜欢在那里嬉戏。但当时大炮台山上有葡军看守，小朋友们都是悄悄地在周围玩耍，若被葡军发现，会被赶走的。到1976年，葡军全部撤退了。

工会背景颇受排斥

我十四岁进入社会工作，第一份工是在远东百货公司中当杂工。当时的月薪有三十元，虽然不是高薪，但比起我父亲，也算是厉害了。我每月有固定收入，算是能维持生活，而我父亲那行的收入就很不稳定，没有客源，就完全没收入了。当时的百货公司是提供日常用品的地方，如衣服、鞋、化妆品等。每逢节日，那里就变得很热闹，人来人往的。

远东百货公司位于高美街，属于私人公司，有三个主要高层，第一个是“头柜”，第二个是“二柜”，第三个是更低的“三柜”。而我的职位是第四个，职位最低的杂工。

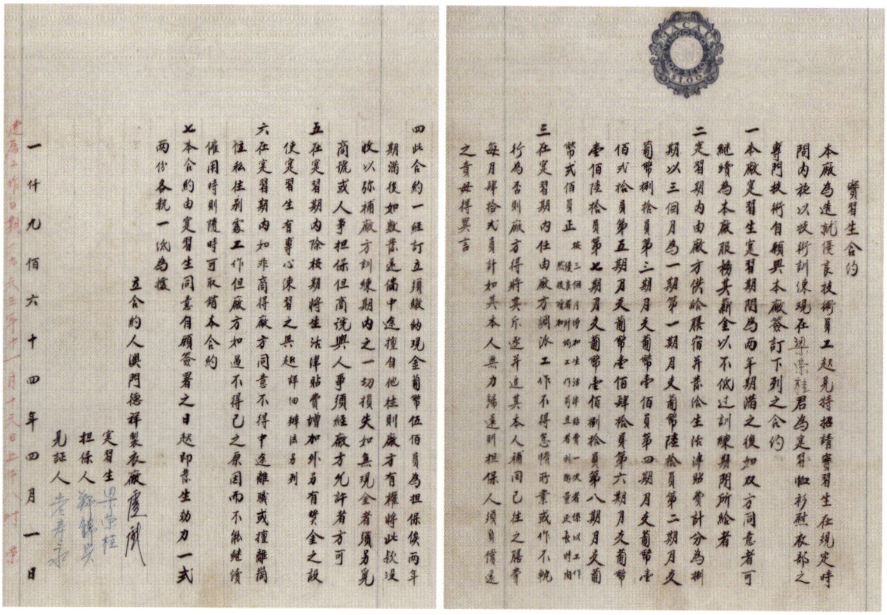
實習生合約

本廠為造就優良技術員工起見特招請實習生在規定時間內施以技術訓練現在梁榮桂君為實習恤衫熨衣部之專門技術自願與本廠簽訂下列之合約

一本廠實習生實習期間為兩年期滿之後如雙方同意者可繼續為本廠服務其薪金以不低過訓練期間所給者

二實習期內由廠方供給膳宿并發給生活津貼費計分為捌期以三個月為一期第一期月支葡幣壹佰員第二期月支葡幣捌拾員第三期月支葡幣壹佰員第四期月支葡幣壹佰弍拾員第五期月支葡幣壹佰肆拾員第六期月支葡幣壹佰陸拾員第七期月支葡幣壹佰捌拾員第八期月支葡幣弍佰員正

三在實習期內任由廠方調派工作不得怠惰廢業或作不軌行為否則廠方得將其斥逐并追其本人補回已往之膳費每月肆拾弍員計如其本人無力歸還則担保人須負償還之責毋得異言

四此合約一經訂立須繳納現金葡幣伍佰員為担保俟兩年期滿後如數發還倘中途擅自他往則廠方有權將此款沒收以彌補廠方訓練期內之一切損失如無現金者須另覓商號或人事担保但商號與人事須經廠方允許者方可

五在實習期內除按期將生活津貼費增加外另有獎金之設使實習生有專心練習之興趣詳細辦法另列

六在實習期內如非商得廠方同意不得中途離職或擅離崗位私往別處工作但廠方如遇不得已之原因而不能繼續僱用時則隨時可取銷本合約

七本合約由實習生同意自願簽署之日起即發生效力一式兩份各執一份為據

立合約人澳門德祥製衣廠

實習生

担保人

見証人

一仟九佰六十四年四月一日

1964年，梁荣在德祥制衣厂的合约

在那里做了两年，我就转职从事制衣业——当时澳门最兴旺的制造业，开始我人生的另一阶段。

我在1963年入行制衣业，转眼间便做了二十一年。我一直在德祥制衣厂担任熨工。刚入行时我是一名学徒，工资很低，一直做了两年零四个月，才算是正式熨工，但我们实质是散工，工资是以件数或打数计算的，手脚快就能赚取可观的收入。熨衣工序很系统化，先是衣袖、衣领、衣服前身，之后到衣背，直至整件衣服熨完为止。

最令人难忘的就是加班。我们在德祥，经常需要加班到天亮，没有加班费，整夜都在工作，工厂只会提供夜宵给工友，一元三毫的焗骨饭。

以前在工厂的日子，工厂的环境、工人的待遇，都很不好。工友若是受了针伤、烫伤等，只能用些药膏暂时处理，工友也常常会受到资方的压迫。

后来我加入了制衣工会，只要需要，我便常常为工友抗争，争取合理的权益。也因为有工会背景，我在老板眼中是一名滋事分子，一直与老板的关系不好，也没有什么晋升的机会。

1984年，我离开了德祥制衣厂到中旅社工作。虽然道别了制衣行业，但我与制衣工会的关系仍然非常密切。

不求回报　致力服务工友

我是十八岁那年，因为喜欢打乒乓球，而加入了制衣工会。我很喜欢打乒乓球，可惜家里地方狭小，也没有球桌，在朋友的带领下，我到制衣工会打球，之后就时常回工会了。我现在可是工会的老球手呢！

我喜欢活跃的气氛，所以是工会积极分子，时常参与策划旅行、乒乓球赛、足球赛、篮球赛等康乐活动。

“文革”期间，澳门也受到影响，我们非常之“左”，时常宣传毛泽东的思想，举办一些左派活动，以致一段时期社会上的人士接受不了，我们举办的活动也因此受阻。后来我们慢慢醒悟，开始反思我们过往做过的事，是否切合社会需要，于是重新订立工会的发展方向。

1965年，工会举办足球友谊赛，梁荣位于后排左一

经重整后的工会会务更胜从前，我们开始举办一些工友喜欢的班组活动，如武术班、摄影班、化妆班、舞蹈班等，吸引众多青年人纷纷加入工会。以前舞蹈班的导师梁安琪小姐都是我介绍入会工作的。她教舞时非常严谨，是一位很有责任心的老师。

我始终认为，重要的职位应该交给有能力的人！就是因为工会内有一群热心奉献的工友，才令制衣工会有今天的成就。

将青春献给制衣业

郭倩眉／口述　萧洁铭／整理

在制衣工会中，我们经常可以看见郭倩眉的身影。郭姑娘自1969年入职天虹制衣厂以后，便与制衣业结下了不解之缘。她由车位女工做起，1983年到了另一间制衣厂做指导员，任职车间管理，对制衣工厂的运作、工序都有相当的认识。1992年，郭姑娘转职制衣工会秘书至今。她所接触的人与事，都与制衣业脱不了关系，她见证了制衣业这几十年来的发展。

提督马路　生于斯长于斯

我叫郭倩眉，籍贯在广东南海，但我自小就生长在澳门，家在提督马路，在这里生活长大。我工作的制衣工厂也位于提督马路。结婚以后，居住地点也离提督马路不超过十分钟的步程，就像一直都没离开过这里一样。

过去提督马路有很多未发展的空旷地方，并且有很多船厂。附近也有一些木厂，把开采了的木头浸泡在海中，我小时候不懂什么是危险，曾与一群小朋友在浮木上玩耍。

郭倩眉在家中

澳门工友联合夜校第八届毕业生留影

小时候家境困难，我们七兄弟姊妹与父母，十分拥挤地住在一间房间内。当时还没有自来水供应，家家户户都要挑水饮用，我要帮忙挑水，也要做些粘火柴盒、压爆竹的手作，以帮补家计。

当时社会上，读书升学并不普及，我读了一年幼儿园后就停学了，一直在家中帮忙，长大后才有机会在夜校读书。在我们家，基本上只是供子女读至小学。但我真的很喜欢读书，中学时，我白天在工厂做些潮州刺绣的工作，晚上坚持到商训夜中学上课，不管怎么困难我都坚持完成了学业。

郭倩眉旅行留影

昔日制衣业吸引青年一代入行

澳门在二十世纪六十年代末期，制衣业开始兴旺起来。学生毕业以后可以挑选的工作不多，因而很多中学生、文化程度高一点的人，都加入了制衣这一行业。我也一样，中学毕业后便投身制衣业。

入行前，要花几个月时间拜师学艺。我从“车直线”学起，师傅会给一些东西给我车缝，但这是没有薪水的，相当于帮师傅做工，不过也不用交付学费。学成以后，师傅介绍我进入工厂，找个车位工作。我正式入行的第一间工厂便是天虹制衣厂。

想进入制衣业还有一个途径，就是进入工厂当杂工，做几个月以后，就可以升上车位，做简单的“车直线”，而那是有薪水的。当初一些辍学的年轻人就是这样从低做起。以前就是有这样的机会，但是现在，读不成书的人都不知到哪里去了。

尽管什么都不懂，但只要你入行，就有机会学习，工厂也会给予升迁的机会。过去有不少例子，工人由杂工一直升至车间管理。很多年轻人都喜欢加入制衣这一行业，这不仅不是什么厌恶性行业，而且工作环境干净，有很正常的群体生活，收入也不低。

今天的制衣工人以女工居多，但在当年，一些主要部门，如烫位、领部、裁床等，都只有男工。一件衣服最重要的是衣领部分，而上领这些主要的工序，就是由男工处理。在裁床方面，男工是判工制的；在领部，若工钱是每打一百元，则由领部的主管再分配运领、间领、上下级等工序，主管除底薪外还可以从中赚价，这也吸引不少男工加入制衣这一行业。

男工的特殊地位，到了二十世纪九十年代才被女工取代。

在制衣工厂中度过青春岁月

我也很喜欢制衣工作。当时我们的工作气氛很融洽，工厂主管也很有人情味，我们工友当中有些人晚上还要上学，主管们就不用这些人加班工作。以前我们的工作时间只到晚上六点半，需要加班工作时才会继续。有的时候也需通

郭倩眉与家人合照（一）

宵工作，现在就比较少了。那时候还没有劳工局，工友全是本地工人，每天下午四点还有半小时的下午茶时间，工作是很快乐的。

因为下班时间比较早，我们很多人晚上都会回工会参加活动，唱唱歌、跳跳舞，工会也会经常组织一些旅行活动、篮球比赛等。我以前任职的天虹制衣厂也组织了一支篮球队，制衣工会也有几队，男女都会参加，还有乒乓球队，活动十分多姿多彩。

跟现在的女生一样，当年我们制衣女工们也喜欢打扮。那时我们一领到薪金，就会去烫发，裁布做衣服。六十年代的女工们是很少买衣服的，那时流行的唐装衫，多是自己缝制。我们还会相约到金冠酒楼品茶，金冠是间很有名的酒楼，现在已经歇业了。

郭倩眉与家人合照（二）

我当时是工会在工厂内的联络员，要联络工人们缴纳会费、组织活动、动员工人加入工会。有一件事，我至今难忘。

我都是为工会做义工，因为要走到每个车位上收取会费，所以难免有点影响自己的收入，例如别人一个月有一千元薪水，我只有六百元左右。但是我很喜欢做这些，也不介意。有一次，一个厂内高级主管趁我离开车位时，没收了我的梭子。没有梭子便车缝不了衣服，当时真是吓着我了，好害怕从此没有工作做。

梭子被收了，可是我每天还是照样上班，坐在车位上，主管看我有诚意继续工作，不是那些很冲动就辞职的人，加上管理我们的指导员为我说好话，我才得拿回梭子，继续工作。

这件事，是我现在跟昔日工友聚会时，大家互相说笑的话题。

制衣工人待遇的变化

昔日的制衣工业分淡旺季。每间工厂生产服装的种类都不一样，生产冬装的旺季便是夏天。我是缝制棉褛、雪褛的。天冷做天热穿的衣服，天热做天冷穿的衣服，工友们在酷热的夏天要面对一堆堆厚厚的、制造雪褛用的风棉。当时工厂还未装设空调，只有一些很大的“牛角扇”在吹，往往吹得人头晕。缝造棉褛的淡旺季十分明显，因为要在圣诞节前出货，年尾别的厂的工人有双饷，我们就没有，一、二月过年的时候就缺钱。

缝制棉织衣服的工厂，年尾就是旺季，因为生产的货要赶在夏天时销售。

到了淡季，我们经常要等工作，有时候一等就是几个月。那时候改行也不是那么容易，又没有什么散工做。对我们工人来说，淡季是一段艰难的日子，等待也是漫长的。

我们缝制的衣服，会运往世界上很多地方。刚入行时，我们车缝很多黑人穿的连衣裙，我们称为“咖喱裙”，这些是运往南非的。后来工厂也不接这些订单了，不知是否因为价钱太低。美国的订货单，价钱就较高，订的数量很大，每次都有一两万件的货。如今这些量大的订货单都改去了内地的工厂做，本地工人只能做些量少的订单。

现在澳门的工厂也改为缝制一些时新的衣服，一张订单只有几百件，还要分颜色、码数，就像车缝样板衣服一样，所赚的薪水也少了很多。

过去，一张订货单有一万几千打的货物，可以做两三个月之久。接到订货单后，就会分散到各个工序的部门，若一些工序不需要某部门，这部门的工人就要改为车缝另外的工序。熟手工人做得快，挣到的薪水就更多。

总的来说，我们对当时的薪酬还可以接受，工作得也很开心。

今天制衣工人的待遇比以前还要差。我们当时不但工作愉快，物价也没有这么昂贵，收入较今天稳定。以前的工作流程、所需多少时间完成，是可以计算的，出货的日期也很准确，但现在是一接到订单就要赶工，很短时间内就要完成，工作压力比以往大多了。

我们那时候很辛苦的，要工作十小时，回到家中每件事情都未做好，三个孩子又嚷着要吃饭，有时候我真的会扔煲、扔砧板发泄。当时我居住的房屋还要供款，三个小孩又要上学。为了生活，这些压力只能忍受，直至后来才慢慢习惯。

现在工作时间方面也加重了不少。一些较旺的厂号，每天要工作十至十二小时，对于一些除了工作还有家庭要照顾的工友来说，是一件很煎熬的事。

外地劳工在澳门

踏入八十年代，制衣工业迎来了它最兴盛的时期。虽然我们这批工人的下一代，已经不愿加入制衣这一行业，但这时适逢改革开放，有很多新移民入行，补充了制衣业所需的劳动力，聘请工人更为容易，工厂也陆陆续续开得更多。当时人力资源十分充裕，薪金反而不会减少，到了九十年代开始输入外地劳工时，才开始减薪。

初时外地劳工多来自江门、新会、中山一带，因为中山一带在缝制衣服方面很有名，特别是沙溪有不少人才。后来从那些地方招聘的劳工也不足够，工厂便往更北一些的地区招聘外劳，现在来自各省的都有一些。

因为外地劳工薪金较本地工人低，在工作时间方面也较容易控制，要他们加班，加到什么时候都可以，但本地工人有时候就会讲些条件，例如晚上要上学、回家照顾小孩等。

外劳的输入是直接影响着本地工人的就业机会的。所以在今天劳工法修改的过程中，我们都要求政府削减外劳，把职位留给本地人。

尽管外地劳工威胁着本地工人的就业机会，但当有外地劳工跟雇主发生劳资纠纷时，这些劳工都会来工会申诉。无论是本地工人还是外地劳工，只要是工人的权益遭受损害，工会都会给予帮助。

到了现在，因为制衣业的收入不稳定，外地劳工从事制衣业的人数大大减少了，本地法例又保障不了外地劳工，而澳门币也相比人民币面值低，所以他们宁可回乡，再重新申请来澳加入别的行业，也不愿意留在制衣工厂。

劳资关系的转变

以前的厂方较有人情味，在工厂大家可以说说笑，劳资双方有问题都可以坐下来商量。未有担任中间协调角色的劳工局及劳工法例之前，劳资双方有问题时，便要到前市行政局解决。我也经历过劳资纠纷，主要是跟厂方谈价钱的问题，例如工价不合理，工序比上一批更复杂，但价钱却没有增加，我们会组织一些工人跟厂方反映，工会基本上都不用派人来帮忙，而厂里工人懂得自己处理。厂方收到这些意见后，就会找一个工作速度中等的工人进行查核，车缝几天这道工序，若情况确实如工人们所说，便会应允工人加价的要求。

劳资双方通过协商，往往都能解决问题，以往的这种处理方法也使得劳资双方的关系没有那么僵持。

1984年劳工法出台以后，大家就依法办事，法例监管着资方、保护着工人。过去无法可依时，工人往往任由资方摆布，立法限制了某些无良雇主。当然难免有些厂方爱跟工人要捉迷藏，钻一些法律空子，想办法减少工人收入，造成双方像斗法般斗来斗去。

我在工会，就是主要处理这些劳资关系。工作上我经常接触到工人投诉雇主的不合法行为，因为口说无凭，劳工局未必会受理，资方做得巧妙，使工人们很难找到他们的证据。遇到这些情况，工人们投诉较为困难，但这种不合法行为的确存在，只是证据不明显而制裁不了那些无良雇主，这时候，我们就会把情况记录下来，再由工会代表约见劳工局反映。

郭倩眉（右六）与工友旅游合影（一）

现在的工人们也变得聪明起来，有不明白的地方就会回工会询问，我们工会也会提供一些建议及法律咨询服务给他们。

制衣业成了黄昏工业

在我记忆中，制衣业以前在澳门经济中担当着一个很重要的角色，因为很多人都是靠这一行业养活一家，很多更是全家都从事制衣业。

到了今天，在很多综合因素的影响下，澳门的制衣工厂陆续停业。我估计在这一两年内，八九成的工厂都会停业，余下的都有自己的一套生存方法，如走向高档次与专业化等。制衣不是一个人可以做到的，要靠很大的一群人。现在很多厂商都对投资这个行业失去信心，不少资方改为投资饮食业等等。

今天澳门现存的工厂主要制造内衣裤、时款服装、牛仔和棉织品等。据我了解，目前在这一走下坡的行业中，生产出来的服装也向很多地方销售，同一款多张订货单中有几个客户，也有外地客缝制一些品牌的服装运回当地销售。其实澳门制衣的质量、手工是比较优胜的，因此有些客户仍然坚持将货物指定在澳门制造。

服务工会多年　获益良多

我在商训夜中学读书时，工会到学校招收会员，我那时生性好动，热爱集体活动，且目睹工会确实是很维护工友的权益，于是在1969年便加入了工会。

起初我只是担当工会的义工，1992年，我转职工会秘书，之后曾任常务理事，现任工会专职秘书。

工会带给我的，不仅是多种多样的活动，也带给我学习的机会。我最初不懂劳工法，通过学习，以及多年经验的积累，现在我掌握了方法，可以独立处理劳资事件。我往往会先了解工厂的情况，对无良厂长、雇主采取强硬对待的态度，但对于声誉良好的工厂，我便会先跟工友谈谈，提出建议方案，希望能

郭倩眉（前排中）与工友旅游合影（二）

够以协商的方式解决事件。

在解决问题的同时，能够帮助到一些有需要的人，对于我来说，是很快乐的回忆。

制衣业曾在澳门发展的历史上占有过重要席位，尽管我不再是制衣女工，但我一直身在制衣工会，仍然关注着这个行业的状况。我以另一种方式，继续参与着制衣业的发展，见证着制衣业的历史。

盛衰纵难留，唯有情永在

岑笑容 / 口述　骆嘉怡 / 整理

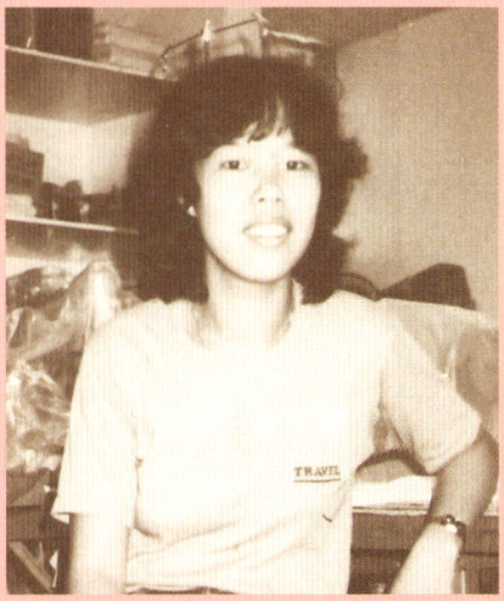

二十世纪六十年代，澳门手工业大盛，而制衣业刚起步不久，还没有盛行；刚小学毕业的岑笑容在那段时间开始学师，进入制衣业，从而开展她充实美满的人生旅程。

我叫岑笑容，1955年出生于香港，随即跟父母回澳门生活。我很小的时候，母亲便离开人世，我和父亲、弟弟可谓相依为命，甘苦与共。由于家庭生活环境比较贫困，我几乎要被送到孤儿院里。

我刚小学毕业，就正式到外面工作了。但那个年代，有些比我年纪小的都会出来做事了，七八岁大，只要工厂愿意聘请，都可以做童工。其实不是那个年代的孩子不喜欢读书，而是家庭负担沉重的问题。

我虽然是十二三岁出来做童工，但七八岁时已在家里穿珠子。我小时候的玩具不多，最大的娱乐就是听收音机。女孩子呢，会用一些碎布自己去做公仔，然后再造一些衣服给它穿。小时候这个给布娃娃造衣服的游戏，是否预示我日后进入制衣业啊?

学师的日子最美好　师姐妹同求手巧

在二十世纪六七十年代，我们进入工厂前要学师，这是私人式的，工厂会发货单给这些私人或家庭式的学师中心，师傅就不同衣服的造法，来教授学徒不同的技术。当时澳门有好几个这样的教造衫的师傅，而每一类衣服，包括雨衣、牛仔、机恤等，都属于不同的种类。至于学什么款式，要看师傅接了什么货版回来，以后再分门别类地教我们。

学师阶段用的不是摩打衣车，而是那种用皮带去拨机上的轮，然后用脚踩踏板的脚踏衣车。据说当时的工厂用的多是摩打衣车，但学师时是从最基本的

岑笑容（前排左一）与服装模特合影

学起，用的是这种旧式的脚踏衣车。

一般而言，学师三个月后，便可以到工厂里做一般的工作。那个时代大部分工厂都是一件衣服由一个人完成的，叫“成件起”。现在“成件起”则算是高级的工种了。

那时候什么都是手工的，结蝴蝶或花边，全都是手造一件一件钉上去，不像现在机器化，又有不同部门去配合。例如说睡衣或旗袍，手袖位那条细细的边都是手工做的，剪裁好后，还要做到如同今天机器成品般的笔直，而且沿边平衡才叫合格，这些都是比较细致的工作。

学成师以后，我也时常返回师傅那边帮忙教师妹和继续学习，与师妹们分享经验，与她们一起去做，引导她们掌握技术。我们师姐妹关系很融洽，到我结婚时她们都争着要做姊妹，玩得很开心，有一个连眼镜都打破了。

到了师傅诞，几乎所有师姐妹都会跑回来跟师傅庆祝，一起做饭，做小食；到了七姐诞，我们一起拜七姐，由于是女孩子，所以都是求手巧。

我学师那段日子最开心，因为大家好像一家人般，感情很好，而且不会担心做不出成品，或者做得不好，今天做得不好，明天便会学好，大家彼此间亦不会计较些什么。与师妹们分享经验，帮助她们解决问题，令我很有满足感。

小节见真义　每一步都是关键

其实造衫造裤，原理都一样。以一件普通恤衫来说，师傅造了一个纸样出来，便需要拉布，裁剪以后便发到车间。裁片布料拿到后，首先要用平车来做好缝位，缝好以后，前后两面拼起来，便需以钑骨车来钑骨、上袖、埋夹，然后才可以再做袖口、脚等。至于领部则需要钑好整件衣服后再做。一切完工以后便拿去打纽门、开纽门、钉纽等。

现在什么都机器化了，以前却什么都是人工的，就连钉纽扣都是手工的。完成后便交由后整复检部去检查成品是否合格，合格以后便交由烫部烫衫，经

岑笑容（右二）活动留影

包装便可以出货了。

我这样介绍是很笼统的，当中的细节其实很多很复杂。例如说做领，先裁了两条领出来，以后还要找配料做中间的“朴”，这样领才能硬一点。夹了朴以后再用烫斗烫，再另外用机器或模去“反领”，才叫基本完成。然后加其他配料、画线等，剪裁好，再做一个细节，就是画好相对的位置，才可以上在领口上。

每个小节都必须一丝不苟，如果随便去做，不够细致，即使衣服完成了，但衫领亦会因不对称，歪到一边去，而没法交货。

所以说每一个部分其实都有里面的细致，听来好像很容易，但真做得好，实在要下一番苦功。

除了“上领”这一环能小中见大以外，车膊位也是一个不易掌握的技术活。大家都知道，衣服是前后两面做好，再车膊成一件衣服的。但是膊位不是平的，而是两边拉长或斜的，所以车膊时如果两面不同，用力不均衡，车线时便会使它褶皱，长短便会不一。不要以为膊位车不好可以靠剪裁来掩饰，因为纵然衫脚能裁平，但领位还是不能上得平衡。

表面看，做衣服是每个步骤分开来做，但每个步骤始终环环相扣。一步出错，整件衣服都会被拖垮。所以学会如何放松双手、掌握力度非常重要，但这又较难学习，必须靠反复练习。

不同服装都会有不同难处，至于要如何掌握，靠的都是练得多。内衣裤、婴儿衫、大褛等，造法是比较复杂的，我都做过。如何掌握方法，必须逐步逐样去揣摩。新的东西在初学时都会有一定的难度，所以我会跟师傅一起商量，自己再碰碰钉，便能掌握要诀。

其实车裤或车衫原理都一样，重在是否理解衣车的原理，以及如何控制手力，让底面两块布相协调。

凡事都需要慢慢去学习和领会，以及多问、多听。我是个好奇心较重的人，遇有不明白的东西一定会问到懂，这样会使自己学得更多。

岑笑容（右）与友人晚宴合影

生活再苦总有快乐时

从六十年代的制衣业走到今天，工厂的变化很大，由最初的小工厂，工人“一脚踢”，什么都做，到后来较大型的工厂，分门别类设部门，甚至专做恤衫或西裤、棉织等。衣车方面也越变越专，更讲究、更专门。工厂添置的机器越来越多，成本越来越高，工厂的面积也越来越大。衣车最初用的多由日本进口，到后期也开始使用内地制造的。

岑笑容旅行留影

工厂分部门是很后期的事了，车袋、车直线、钑骨等都会分开。我入行时也有一些大厂会细分，但我做的那间是中型厂，整件衣服都是自己一手一脚完成。

七八十年代，我工作的工厂分两季衣服去做，天冷做泳衣泳裤，在工厂上层做；夏天做灯芯绒的衣服、牛仔等，是在工厂的下一层工作。当时上半年工作一定很赶，因为要出口泳衣到外国，常常加班加到很晚。那时劳工法尚未普及，全凭雇主雇员之间的口头协议，真正是将心比心；所以老板好，员工做事便更加有干劲。

我们做泳衣泳裤时，一天可以做很多，如泳裤，可以一百多二百打，因为工薪是按计件数的。通常我们一早回到公司，便把衣料拿好放在衣车旁，自己周围便被衣料包围着。我们一般都很勤快，由于常加班加到十一点，不回家吃饭，会叫外卖或者包伙食，随便吃一点便继续赶工了。

我们工作虽然忙，但车间气氛总是融洽的。那时工作很开心，由于工厂规模小，大家感情都很好；上班时一起听歌、唱歌，比较轻松。而现在的工厂模式较紧张，订单量较少，质量要求很高，款式也变得快。其实，八十年代已开始有这个趋势，有一阵子流行车花，过了不久，又变成流行车打条，然后又丝质等，款式常常改变，要求也越来越多。

国际风格

澳门制衣业兴盛时，法国设计师们会专程赶到澳门，厂里就让我和师傅陪着她，设计好款式后便让师傅裁款出来，让我们立即造出来，待设计师看了成品，觉得满意，便下订单。

德国、美国等地的设计师也有过来，由于外国女性身材变化比较大，下订单时要求的码数也较多，八个至十多个码数不等，加小、加大、加大大等都会有。

欧洲、亚洲地区的客人下订单时，尺码要求明显不同。但即使外国人身材较健硕，也会分“miss组”和“mama组”，“miss组”的尺码有时也合我们东方人穿，但“mama组”就不行了，大了很多。

风光不再　盼知音者相承

制衣业曾是澳门四大经济支柱之一，八十年代中更是它的全盛时期。踏进九十年代，制衣业渐渐走上式微的道路，原因莫过于市场不稳定因素，如订单小、数量少、款式多、要求高，种种因素令制衣工人收入不能应付日常生活开支。收入不稳定，导致青年人不愿入行。纵然青年人有兴趣，但各方面的生活要求越来越高，社会不断进步，青年人读书，中学毕业后也差不多二十岁了，再从头去学这个行业，刚学得来便要结婚组家庭，而且做这一行收入又不稳定，哪有青年人愿意这样？所以即使做衣服，都是做给自己穿。

至于我们那个年代，社会整体文化程度不高，家庭环境也较差，孩子读完小学已经很好。当时社会上也没什么工种，企业未发达，文职秘书的职位不多，而制衣业学师三个月便可以赚钱，有些更不用学师，直接到工厂当杂工，慢慢学上去，所以很多人入行。

七八十年代改革开放，很多内地同胞来澳定居，澳门制衣业的外国订单渐渐增多，行业逐渐兴旺，人力资源需求大增。当时，新移民来澳的老少妇女为数不少，又由于当时工厂基本上已经进入了分部门的年代，懂车直线的便车直线，懂造什么部分的便造什么部分，不要求学历或经验，所以理所当然地吸纳了这批新进的人力资源。这样整个制衣业便开始了它的全盛时期。

九十年代，澳门制衣厂纷纷北移，直接使澳门制衣业走向低谷。订单日渐稀少，伴随着制衣厂的不断迁走，有订单时也会开通宵，无订单时却不知要坐多少天，真正是“好天揾埋落雨柴”，可能今天能赚上百多元，到明天只得二三十元。每当开新款，未掌握做法，做得慢，工资便会跌得较低。上上落落，十分不稳定。

制衣业好景时，政府规定月薪达一千元的要纳税，我们都可以纳到，反而到现在是纳不到了。

讲到制衣业的传承，我不期待它会重新蓬勃，但希望青年人能延续制衣这门手艺，毕竟制衣可以有很多变化，只在于青年人有没有这个心和时间去钻研。青年人有自己读书与工作的压力，但在课余时间需要轻松的兴趣去抒发压力，做一些小手作，或者DIY服饰，朋友生日时亲手做一件东西给他们，不仅心思不同了，也会令你手上这件衣服变得独特，令自己有成就感。

工会是我第二个家

说到制衣，一定离不开我们制衣工会。制衣工会在1958年成立，我是二十世纪八十年代正式加入的。记得刚入行时，我常参加工会的活动，到旧氹仔码头（即现在的海事博物馆）乘船到路环的竹湾野餐，我们自己带米带炉具去野炊；之后我陆陆续续也参加了工会的裁剪班等。到我正式加入工会，八十年代后期开始参与理监事工作，其实很感激工会给了我许多学习机会。

制衣工会历来以维护制衣工人福利为己任，历年来解决了不少劳资纠纷，尤以工厂北移时期处理欠薪事件为多。当时大部分理监事成员都有自己的家庭、工作，但只要工会有事，或者有人前来求助，大家都会尽量抽空回来帮忙。

我是协助的角色，负责统计工厂中有多少工人需要追讨薪金，集合相关数据转交劳工局处理。成功个案很多，工人们会开心地回来告诉我们：“追讨成功了！”有时我们会建议他们一起搞联欢派对，团结工友，于是济济一堂，大家各自做一些小食回来，气氛越见融洽。

制衣工会是我的第二个家。我很喜欢工会，与成员们一起做事，商量会务，事前事后的工作，大家都很认真投入，同心协力去做。大家都希望工会好，未来有新的发展。虽然行业式微，但工友们还是很有归属感，希望工会能发展到像小区般。

劳资问题、工人权益是工会工作首位，但近年来也在空暇时间设计了不少青年人的活动，例如历奇训练，是给予青年人进入社会或大学前的心理辅导；在妇女服务方面，我们办兴趣班，如排排舞、社交舞、卡拉OK、中国舞、健身操等。

我希望工会的发展朝着多元化方向前进。

我十三岁开始投身制衣业，晃眼便是三十多个年头。回首几十年的制衣业，盛衰之间，难得人情从未改变。

活出彩虹

简建玲/口述　方茜/整理

简建玲，大家都叫她简姑娘，从事制衣二十多年，见证着澳门制衣业的兴衰。经历过“文化大革命”的她，曾在农村度过了一段艰苦而难忘的青春岁月，她凭着乐观坚毅的精神，改变了自己的命运。她现在是澳门制衣工会的副理事长。

服务精神　自小建立

我叫简建玲，1956年出生于广州，七十年代末移居澳门。我有一个姐姐和一个弟弟，小时候我跟随父母，居住在广州市中心一间半木屋旧平房中。政府后来要求将木屋改建为砖屋，改善居住环境以及提高人民的生活素质。我们那个年代，人们的生活都很艰苦。在六十年代，由于物资短缺，国内实行计划经济，一切生活用品、食品都需要配给。我在这样的环境下成长，很早就学会自立，打理家务，并且照顾家庭，一家人融洽地生活在一块。

我妈妈勤劳善良，白天忙于工作，下班回家，放下家务，就挑灯读毛主席

简建玲（前排左三）与工友合影

澳门回归日，简建玲（前排左一）与朋友一起参与庆祝活动

著作，直至深夜。母亲热爱祖国，工作认真，学习积极，被单位吸纳为一名光荣的中国共产党党员。有一次，母亲下班回家，还未吃饭，就接到上级指示，马上要回单位参加学习，由于奔波劳累，第二天我母亲心脏病复发，卧床不起，没多久就离开了人世。那时候，单位为我母亲举行了追悼会。

我小时候在广州市蟠虬南小学读书，那时候是"文革"期间，提倡"破四旧""立四新"，便将庙宇改建为学校。由于庙宇残旧，活动空间狭窄，我们六十多人在一间课室，显得特别挤迫。

我虽然在这样的环境下受教育，但还是努力学习。我们组织学习小组，同学间互助互勉，老师们放学后还会到各学习小组辅导家庭作业，到学生家中家

简建玲（中）与托儿所小朋友们在一起

访，师生间建立了深厚的友谊。

我们经常利用假日与同学到街道的居委会，教街坊和长者学习写简单的字，也到街上维持交通秩序、打扫街道卫生。

我小学的启蒙老师是张素玲老师，由于我的学习成绩优秀，常常协助老师担任一些班务工作，因此得到张老师的宠爱。

但是有一次，我遭到老师的严厉批评。那时我带领一帮同学到河边捉鱼，很晚才回家，家长们非常担心，有的回校查询子女是否留堂，后来有同学告诉老师是我带头去捉鱼，我被老师召回教务室狠狠批评了一顿。我当时很不

简建玲与家人旅游留影

服气，一副被委屈了的样子，张老师耐心分析事件的危险性和严重性，我才明白过来，作为班里的骨干，一定要严格要求自己，不能恃宠而骄，要起先锋模范作用。

老师短短的几句话，至今我还记忆犹新，亦是激励我今后做人的准则。

小学毕业后，我到广州市第四中学就读，全国正掀起“学习雷锋好榜样”的热潮，发扬雷锋勇于助人和热爱集体的精神。雷锋精神对我影响很大，我们星期天放弃休息，组织同学回校搞清洁，积极参与课外活动，组织宣传队，经常到街头表演忠字舞，朗诵毛主席诗词、语录，还曾被邀请到广州文化公园中

简建玲与丈夫儿子合照

心台演出。

面对逆境　无怨无艾

中学时期，我们响应毛主席的号召，学生以学习为主，并要兼学工、农、兵，必须到工厂、农村和部队学习、实践各方面的知识。我也因此下厂锻炼。在针织制衣厂，我经历了各部门的实践，对制衣业有了一定的认识，这对我日后在澳门制衣业工作有一定的帮助。

初中毕业后，我们响应毛主席提出的“知识青年到农村去，接受贫下中农的再教育”，怀着满腔热情，来到农村乡间，想干一番事业。

简建玲（后排左一）参加制衣工会36周年联欢宴会

我们到了陌生的环境，举目无亲，住的是牛房，喝的是井水，吃的是自己种的粮食。我们要上山砍柴草，筑水库，建堤坝，对于一个城市长大的姑娘来讲，确实是严峻的挑战。

七十年代末期，随着邓小平改革开放政策的落实，获政府批准，我来澳定居。为了梦想，我勇于寻找自己的生活方式，这是我人生的转折点。

工作勤奋　积极负责

我一人独自来澳，居住在姑姐家中。由于人地生疏，我便跟随姑姐到式雅制衣厂工作。这个厂是一间旧式工厂，三层高，有两百多个工人。当初我的工

简建玲（左五）参加工联45周年联欢晚宴表演

作是剪线头，日薪十六元，后来因为很多衣服出现次品，需要织补，所以我转为织补工作，日薪二十五元。

为了改善生活，必须要有一技防身，学一门手艺，才能生存。因此，我努力跟师傅学习织补，经过刻苦学习，我很快便成为一名熟手技工。

由于工作勤奋，我得到上司信任，当上了后整部指导员。后整部的主要工作是负责对衣服质量进行检定、包装、落货等，产品是输往外国的品牌，每件衣服都需要经过后整部门严格检查后才可以出货。

简建玲（右四）与工友旅行留影

那时我们工作量很大，工友间需要讲求团队合作，因为我还算是人缘好，所以有号召力，工友们都听从我的工作安排，很多时候都加班加点，务求将工作完成。能够跟工友们融洽相处，我很开心。虽然每天工作十小时，但我们工厂福利好，每月除了稳定的薪金外，岁尾还有双粮、花红、炮金、勤工奖、加班津贴等，老板与员工关系也很好。

后来工厂订单减少，工友开工不足，收入也随之减少，直接影响制衣工人生活。另一方面，很多工厂需转移至内地发展，工序外移，工厂掀起一股裁员潮，澳门大量的制造业工人失业。

服务工会　团结工友

我于1993年在安泰莱制衣工厂工作时，跟随我姑姐加入了制衣工会。

制衣工会是工友们的大家庭，工友要维护自身的合理权益，必须要加入工人组织。由于有的工友对工会认识不深，我就向身边的工友宣传工会的维权功能、服务宗旨等，让更多的工友认识到加入工会的重要性。经我介绍，已经有一百多位工友加入了工会。

只要有空余时间，我就联络工友，义务参与工会会务和活动，例如亲子活动、联欢、茶会、户外烧烤等。又跟工友参加很多社会庆祝活动，如香港回归大型晚会、澳门回归活动、友谊大桥开幕、工会周年会庆、立法会选举、扶贫救济等，大家都留下了很多愉快回忆。

一些工友有心事、有困难，都愿意向我倾诉，我也都乐意第一时间帮忙，为大家服务。能够为工会、工友办实事，助人助己，获益良多，我得到快乐和满足，亦丰富了自己的人生。

加入制衣工会至今，工会给了我很多学习的机会。1993年，我与工联很多资深工友到北京交流实习；2002年，我在托儿所工作时，参加了社会学大专培训班；2005年，又进修本科班；2008年9月毕业，完成了六年的课程。我很感激工会。

1993年，我成为制衣工会的理事，1996年被选为副理事长至今。

身为副理事长，我就要肩负起这个使命，不遗余力推动会务。

虽然工作忙碌，但是我也非常关心和爱护家人，孝顺婆婆、尊敬丈夫、爱护子女，重视与家人的沟通和相处。我丈夫是一位敦厚、老实的归侨，他对我的工作从不抱怨，一直默默地支持我，使我没有无后顾之忧，专心为工会服务。

我现在任职工联望厦托儿所。小孩子们的天真可爱，带给我很多快乐。借工作之便，我也积极推动家长加入工会，壮大工会力量。

在制衣极盛时离开

杜艳芬 / 口述　谭佩如 / 整理

外表看来还很年轻的杜艳芬，原来已过不惑之年，在她成长的历程中，制衣业只占据了她人生的十多年，她选择离开正值兴盛时期的制衣业，但对于当年的工作情况依然记忆犹深。

平凡的童年

我叫杜艳芬，出生于澳门。小时候，我与父母和两个弟弟居住在下环街席里围。父母都是工人，我们家庭生活环境并不富裕，过着简单平凡的生活。

我们小时候没有太多物质可供玩乐，放学后，经常与左邻右里的小朋友们一起模仿生活中的小事。我们会“煮饭仔(煮鑊仔)”，其实用一些塑料餐具，聚集在一起模仿煮饭、用餐。还有我们会扮演粤语长片中的角色，我披着大被扮演女侠，他饰演奸人坚，三五成群玩红绿灯，玩“兵捉贼”，“点子兵兵，点子贼贼”的声音，街头巷尾，随时可听。

除了欢乐的游戏外，我放学后会做一些手工帮补家计，例如穿珠片、穿塑料花等，那个年代，澳门的老老少少都可以参与这类外发加工的手工，各家门口三三两两聚在一起赶工。

我的童年，和大部分小朋友一样上学、读书。我在下环浸信会上学。当年社会教育资源较差，很多人都认为拥有小学毕业证书便足够，我是长女，所以小学毕业便出来工作赚钱了。这是我们这一代人的必经阶段，在当时，小学毕业甚至未毕业就工作，是很普遍的。

话说当年制衣

制衣业对我的人生影响很大，这是我投身社会后的第一份工作。小学毕业后，在街坊介绍下，我进入正值兴盛时期的制衣业。当年制衣业非常兴旺，基本

杜艳芬（左一）与工友合照

上每家每户必定有人从事该行业，只要有朋友介绍便能加入制衣厂，十分容易。

我最初投身的工厂名为德祥制衣厂，位于下环一带的工厂区。我入职时是一名杂工，工资每天仅为六元。不久就转为车位，当时车位所用的衣车已转为效率较高的电动摩打车。我负责的是领位，工作时还算轻松，工资以每打为单位计算，按劳计酬，多劳多得，我每月工资大约为数百元，转为熟手车位后，工资亦随着提升。

我们工作时间是早上九点至晚上六点，由于当时订单多，工作很忙碌，为了赶货，我们经常会加班至晚上八点多。有些工友为了养家糊口，更自愿要求

杜艳芬（右二）参加工友生日会

加班至更长的时间，希望能赚取更多的工资。

我当时参加了晚间课程进修，为了加班，时常也会自备晚餐，有时也要求提早下班。我一手挽着食物，一手挽着书包，便赶路了。加班在当时的工厂是经常的事，如果有一天下班后，还能看见阳光，我都会好高兴。

虽然制衣工作很忙碌，但工作中我们经常与一班同事们聊天、说笑，十分开心。德祥制衣厂每月有两天假期，每隔两星期会休息一天，我们都十分珍惜假期，经常会聚在一起举办或参加一些户外活动，如烧烤、爬山、看电影等，加深工友之间的友情。

德祥是一间规模很大的工厂，有很多部门，每一部门都有专门职位，当时约有数百人，任何年龄层的人都会出现在工厂工作，而青年占据比例较大。不同年龄、不同技术的人，负责不同的部门和工种，是一套流水式的工序，例如：年长的或没有技术的负责剪线头、杂工等，中青年负责车缝等，而熨位、裁剪、包装等大部分由男工负责，因此工厂内亦有不少男工。曾有一段时间，男女工的比例是四比六，所以不要以为制衣业是只属于女工就职的行业，男工也愿意为制衣服务。

记得当年有种很不成文的风气，在某些按时计的工种上，尽管男工与女工工作范畴、时间相同，但男工的时薪总比女工高，这种同工不同酬的不公平现象都是有的。

从制衣转型至文职

七十年代末，内地实行改革开放，澳门厂商开始逐步输入较廉价的内地劳工，甚至有些工厂辞退部分本地员工。当时我意识到工作危机，认为这种情况再持续下去，早晚会没有生存的空间，于是便计划转行。

尽管当时制衣业还很兴盛，同事们也舍不得我离开，在依依不舍的情况下，最后我还是选择了离开工作十多年的制衣业。

离开了制衣业，我开始向其他行业发展。我应征了一份接线生的工作，试用期未满，就被升为人事行政部文员。这是我第一份文职工作，但薪金不及在制衣厂工作时。当时我家人及朋友质疑我这个转变是否正确。由于我的工作地点在路环，每天上下班的路途非常遥远，而这时正值一间新开的计算机植字排版公司聘请中文输入员，我正想换工作，于是顺理成章，转移到澳门工作。当时计算机中文输入并未普及，我加入了排版公司后，公司免费培训我们使用中文输入法，学习计算机排报纸、排书刊等工作。

工余，我报读了一些晚间课程，增加知识，提高自己的能力。短短几年间，我由中文打字员晋升为经理。2006年，我转到另一集团工作，任设计公司的营业主任。

与工会结下不解缘

我投身制衣业不久，便跟随同事们参加工会举办的各项活动，如聚餐、旅行、学习会等。那时工会已改名为制衣工会（原名为内衣工会）。

以前工会给我的感觉较保守、老套，因此我参加了一段时间后，便没再返工会。若干年后，工会随着社会改变，与时俱进，开创了一些新颖的班组，例如化妆班、吉他班、社交舞蹈班等。我从工友口中听闻工会的新创意，便报读了吉他班的课程。

重返工会，感到虽是老地方，感觉已不一样，不再老套、落后，而变得较贴近民生，小区化、生活化了。我加入了理事会，先后担任了理事、常务理事、副主席等职务。2008年会选中，我被选为会员大会主席。虽然我多年没有从事制衣行业，但是工会还是我的家，我愿意尽心尽力为工会、为工友服务。

参加工会、小区的活动，我体验到义务工作对社会的意义。我在工会的鼓励下，担任了编织班、绢花班、手工艺班等班组的导师，并且与友人合作，参

1982年，杜艳芬（左三）在工会进行表演

加由制衣工会及生产力暨科技转移中心合办的第一届车缝技术比赛，取得了恤衫组冠军。

更有很多机会，让我学到策划、主持及处理各类活动的技巧，为我在日后担任工联青年委员会及特区政府青年委员会工作打下良好的基础。

书到用时方恨少

除此之外，我的最大收益，是明白书到用时方恨少，意识到自己能力的不足。曾经有一件小事，却如警钟般惊醒了我。有一次，一班工人因劳资纠纷，需要工会帮助，当时秘书正处理另一劳资事件，一位较年长的工友找我帮忙做会议记录，因为她不识字。可是身为理事的我，竟然也不懂做记录。我感到很

杜艳芬在工会联欢会上致辞

害怕，更觉得相当惭愧，于是我下决心在职兼读，持续进修，增值自己。

转文职工作后，我这种“能力有余，学历不足”的感觉更加强烈。后来我以尝试的心态“越级挑战”，报读了华南师范大学与澳门业余进修中心合办的中文专业学士学位课程。历经五年的艰苦学习，我于1999年本科毕业，取得了学士学位。现在我写论文也不在话下啦。

任职工联青年委员会

二十世纪九十年代初，工联筹备成立青年委员会，成员都是各基层工会的青年职工。制衣工会推荐了我，于是我担任了第一届工联青年委员会主任。

杜艳芬创作的国画《富贵满堂》

在十多年的工联青委工作中，我先后被委任为特区政府青年委员会委员，广州市青年联合会、广东省青年联合会澳门区特邀委员。可以说，这是我人生道路的速成进修班。我要面对团队关系，处理各项突发事情，策划各类型适合青年职工的活动。

我认为澳门的青年人，对自己生长的地方，耳熟而不能详，所以我发起举办以认识澳门为主题的乡土教育活动——“澳门游”，邀请对澳门历史有资深研究的学者和专家做向导，开讲座、办展览，激发青年人热爱祖国，热爱澳门。

我们工联青年委员会多年来还与澳门多个青年团体合作，举办纪念“五四”青年节等大型活动。我很珍惜与各委员一起走过的日子，这是很难得的发展个人潜能的机会。如果人生是一本书，我的这段日子，就是色彩斑斓的一章。

我现在担任工联文化委员会副主任，一如既往地为工人事业尽着一己之绵力。

一九九二年十月七日 星期三 華澳郵報 農曆壬申年九月十二日 第七版

從女工到青年活動領導者
杜艷芬踏上成功路
成為青年學習榜樣

為工聯青委策劃活動

杜艷芬

舉辦攜手活動受歡迎

寓鄉土教育於澳門遊

奔走領挾事親力親為

引導青工理性愛祖國

具工作熱情有組織能力

憑虛心學習掌專業技能

1992年《华澳邮报》专访杜艳芬

言谈制衣　感慨万千

我离开制衣业将近二十年了，眼看着制衣业由兴盛步向式微，感慨很多。

制衣业是一种劳动密集型的产业，成本低，需要大量工人，当年在澳门，每家每户必定有子女从事制衣，是一枝独秀的行业。可惜好景不长，珠江三角洲开放市场及邻近国家经济改革后，澳门再没能力跟内地和其他地区竞争，结果在澳门设厂的香港分支，纷纷向内地或其他地区迁移。

幸好不少行业在澳门相继兴起，工人们亦转向其他行业发展，本地人在制衣业占据的比例逐渐下降，制衣业也走向黄昏。

曾几何时，一名熟练的制衣工人与文职人员的工资相比，可高出近一倍，即使教育程度较高的人士亦不介意投身制衣行列。不过，那时我眼看大量外地劳工来澳谋生，尽管制衣业仍处于兴旺时，我还是选择了工资较低的文职工作，当时很多人说我很傻，但时间却能证明一切。

制衣业在澳门已大不如前，但是我尽心尽力为制衣工会服务的初心不改。我非常感谢工会提供给我很多的发展机会，让我能从中学习，开阔视野。

我希望有更多人士能到工会协助处理会务，发展小区活动，发挥义工精神，自觉做到对社会责任的承传。

从工人到雇主

吴淡坤 / 口述　陈达尧　易佩珊 / 整理

二十世纪五十年代，澳门的经济并不像今天般繁荣，家境困难令很多青少年被迫弃学而踏入社会工作。吴淡坤为了家庭，为了改变自己的命运，由工人、学徒、厂长至雇主，坚持着一颗忠贞不渝的心，令他在人生旅程中走出了自己的路。虽然也有苦困的时候，但吴淡坤仍能抱着一颗坚毅的心。

小当家

我叫吴淡坤，1953年出生于澳门一个清贫的农家。我有十兄弟姐妹，我排行第二。小时候常带领着弟妹们一起下田，帮父母种禾种菜，减轻家庭的重担。

因为家庭的经济条件不理想，我在菜农子弟学校读书，还未完成小学课程，便不得不投身社会。我十五岁那年，在沙梨头的一家“补呔”工场里开始自己第一份工。

刚刚踏入社会，我感到很吃力，每天从早上八点半工作到晚上七点，月薪只有三四十元，到后来才有五十元。在当时来说，五十元的工资已是一个很不错的收入。虽然工作艰辛，但那时候我还年轻，有气力，辛苦一点没有关系，就是抱着学习和长见识的心态去努力工作。

从学徒至厂长

两年后，我转行到二龙喉公园附近一家冠华制衣工厂当学徒。那时我上至裁床，下至扫地，什么工作都要做。工作时间从早上九点至晚上十点，食宿都在工厂里，每个工友下班后就回到自己的床铺休息。月薪仍是五十元。

无论从事“补呔”还是当制衣学徒，我都能与老板保持良好关系，与工友也相处融洽。三年后，我又转到另一家工厂工作。由于这几年累积的经验与付出的努力，并且工作认真，人际关系良好，我获聘为该厂厂长，月薪上升至千多元。

吴淡坤（右一）与友人合照

苦苦耕耘得硕果

经过多番努力，三年后，我带着先前在工厂学得的工艺，在三盏灯开设了长城加工厂，专门负责捆条工序。“守业难，创业更难。”我把加工厂取名“长城”，主要是觉得“万里长城”有好彩头的意思。

开厂初期，由于一切未上轨道，我只能独力打理。后来收入渐渐增加，经工友们的共同努力，我才能添置新器械，增聘员工，该厂规模逐渐扩大，为我在通利工业大厦创办工厂打下了稳固的基础。

我的成衣生意主要来源于内地，香港也有小部分。当时我们遇到的困难，

吴淡坤（左一）游玩留影

部分是工作量太多，人手不足，另外还有资金周转方面的问题。我认为，要成功打理一间工厂，必须付出努力，多劳多得，而且要亲力亲为，力不到不为财。

时至今日，在制衣业逐渐式微之时，我的工厂基本仍可维持下去。在制衣工厂业绩最丰厚的时期，我的工厂最多有七八十名员工，现在还有五六十名，本地和外地的都有，其中外劳占的比较多。外劳的月薪为五六千元，本地员工视其从事的工种而定。

吴淡坤于迎客松前留影

感恩

转眼间，我从事制衣行业将近四十年，由一名杂工成为制衣厂老板，当中有苦有乐、有喜有悲。我至今仍然坚守着自己的岗位，为制衣行业付出仅存的力量！

我的两个儿子和一个女儿，并不一定会继承父业，但是我非常感谢每一位家庭成员，感谢他们在背后对我事业的大力支持。我与妻子是在长城加工厂工作时认识的。结婚后的生活，比结婚前好。妻子不论在生活还是工作上都帮了不少忙，家庭的经济环境渐渐好转。

我的兄弟姐妹，有的已离开澳门生活。回忆起从前，现今小朋友的生活和从前我们的生活比较起来，可说得上是相差天与地。现在的小朋友拥有的物质相当丰富，真的是“想要什么，就有什么”。我们小时候，想有一件玩具都是奢望，也没有什么玩乐。但是我也庆幸自己能拥有一个上学的机会，有一个学习知识的权利。

随着制衣业的式微，加上很多工厂都因成本较低而转用机器制衣，导致制衣工人的收入很难得到保障。现在制衣工厂已很难经营，我也打算将工厂出售。

虽然不打算再从事制衣业，但我还是坚持出外就业。在空余时间，我也会参加制衣工会的一些活动。

选择校车的大半生

黄年根／口述　方茜／整理

当了四十多年校车师傅的黄年根，因为澳门制衣业步向式微，也渐渐退出制衣舞台，但他选择乐观地面对行业的衰落，乐天知命，坦然面对一切。

家境优裕

我叫黄年根，1940年在番禺出生。我原名叫黄绍明，因为私渡到香港，申请身份证时改用了黄年根这个名字，之后在澳门申请身份证时便沿用了这个名字。

我家中共有十人，有两个母亲、两个姐姐、三个哥哥和一个弟弟。因为我家是经营海产的，因此十分富裕，生活环境很好，我闲时经常和邻居小孩一起到河中游泳，偶尔去踢足球、踏单车。现在我的兄弟姐妹们都在香港做生意。

我在番禺小学读至四年级后，到香港读了两年夜校。在番禺就读时曾加入“少先队”，“少先队”的使命是保持同学们的品德，以及教育同学爱国爱校。小学只有三本用于上课的课本，珠算、中文和数学，当时并没有英文课。

我十二三岁时，和几个哥哥一起私渡到香港，通过朋友的介绍，任职制衣中“纽门”的“包头”，每天工资有十多元，而当时当杂工的只有五六元。“包头”的工资是不太稳定的，多的时候一日可以有四十多元的工资，当时叉烧饭只要一元，所以我的生活还算不错。

校车的回忆

我二十岁时来到澳门，一开始也是从事“包纽门”，几年后就转职调校衣车。我首次工作的地方是一间小型工厂——式美制衣厂，位于白马行附近，这间厂只有二十多部衣车。那时候我一边“包纽门”，一边调校衣车，月薪大

黄年根校车工作照

概是七百元，有固定收入，生活也算不错。每天早上八点左右开始上班，平日五六点便下班，加班则会到十二点左右。

最初制衣工厂还是用脚踏衣车来制衣，之后因为工具不断改进，慢慢便转用电子衣车。那时式美制衣厂环境较差，用的都是旧式衣车。脚踏衣车比较容易修理，只需千元左右，车衣效率较高的电子衣车较难修理，维修费用也高，要万多元。

在式美工作两年多后，我来到恒河制衣厂工作，一直工作了十九年。

恒河製衣廠有限公司
GANGES GARMENT FACTORY LTD.
澳門羅神父街35-49號 電話：572571, 585676
35-49 RUA PADRE ANTONIO ROLIZ, TEL. 572571 & 585676
MACAU

證明書

1996年7月9日

逕啟者： 本廠員工，姓名：黄年根
身份證No.[redacted] 性別：M，於1978年2月1日
開始在本廠工作，謹此函達。

此致

台啟

恒河製衣廠有限公司
廠長：

黄年根的恒河制衣厂工作证明

恒河是一所较大的制衣厂，至少有两百部衣车，制作的都是较高级的货物，如真丝、西裤等。我刚到恒河制衣厂工作时每月便有两千元工资，到工厂停业时还有超过一万一千元的工资。

恒河制衣厂停业后，我转到拥有数十部衣车的力克制衣厂工作了三年，月薪八千元左右。

每一个制造不同类型衣服的部门，所用的衣车都不同，所以修理每一款衣车都需要有不同的技巧，有时还要把衣车拆散，重新组装。有些衣车，只有像我们这样的专业人士才懂得如何修理。我有时碰到难修理的衣车，还会和工友

一起研究，甚至研究一整天。

当女工车出的货物有问题时，我们就要重新调校她的衣车，如经常断线、跳线、车出的衣服有皱纹等，我还要教导车工如何车衣服、用什么手势来车衣服。衣车对车工的收入影响甚大，可说是“车停手停口停”，所以我们做技工的，都会尽快修理好衣车，不能的话便安排另一部衣车让她们先工作。

机龄越长的衣车越容易坏，越先进的衣车坏的机会越少。因为内地的衣车款式较旧，所以当内地的厂房有不懂如何维修的衣车，我们作为技工，便会到内地协助修理。

校车师傅的工资算是很高的，是继厂长、裁床师傅后第三高的工资。每修理好一部衣车，都会带给我很高的成就感，还有老板的信任和员工间的感情，令我工作得很愉快。

光阴不为人留

随着年纪的增长，我的视力也开始变差。所以虽然曾有人请我到越南从事校车工作，月薪有两万元，但是我担心卫生环境的问题，加上自己的身体已不比以前，便没有答应到那里工作。

放弃从事制衣业后，我转职从事大厦管理员的工作，已经五年了。现在澳门的校车师傅只剩下不到十个，在大厂工作的校车师傅也只有两三个，有的为了增加收入，他们会同时做三四间工厂的工作，月薪才可升至万多至二万元。现在校车的工作已很少人愿意从事了。

兴趣延续制衣梦

洪咏君 / 口述　杨慧妍 / 整理

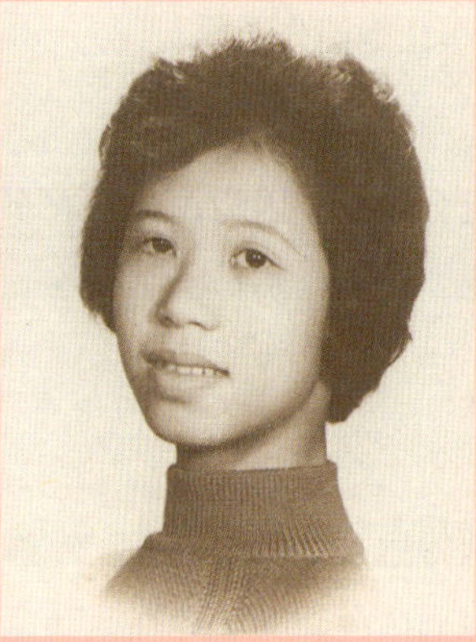

转眼间，澳门的制衣业已发展了半个世纪之久。在二十世纪中期，制衣业一直占据着澳门工业的重要地位，并且它也曾是很多男女毕业后首选的工作之一。随着社会的不断发展，澳门的行业种类越来越多，澳门的制衣业则开始日渐式微。从事制衣业四十多年的洪咏君，由制衣业早期的脚踏衣车直至现在的机器式制衣车她都经历过，可以说她见证了每一个时代制衣业的发展。

生活迫人　无奈弃学

我叫洪咏君，1946年在澳门出生。我家有十兄弟姊妹，我排行第四。我们一家人居住在营地大街附近，因家中人口较多，全家靠父亲卖鱼来维持生计，生活很艰难。我和兄弟姊妹放学后，常常都会留在家中与母亲一起做一些手工，拿到工厂赚取外快，帮补家计。我小时候没有什么玩具，平时都是和其他小朋友玩跳飞机、寻宝和跳绳等。

洪咏君与丈夫儿子合照（一）

洪咏君与丈夫儿子合照（二）

我父亲的职业是卖鱼，我八岁时便到了鲜鱼行子弟学校就读（此校主要是供渔民的子女就读）。这所学校只有一至四年级，学校的楼高只有两层，一班有二十至三十名学生，而且教室比较狭窄简陋。但老师们都很关心学生，当时的主任是刘羡冰，她比较严肃，我们都很害怕她，不过她人很好。

五年级时，我便转到了以前位于美丽巷的劳工子弟学校分校就读，学习内容以中、英、数这三科为主，当时劳校的规模比鲜鱼行学校大。

因为家里兄弟姊妹较多，我与两个哥哥和姐姐都只念到小学毕业，便没

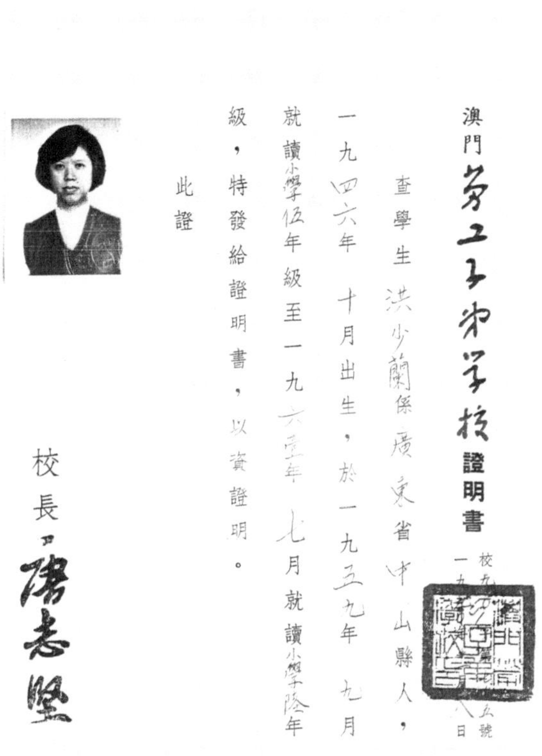

澳門勞工子弟學校證明書

查學生洪少蘭係廣東省中山縣人，一九四六年十月出生，於一九五九年九月就讀小學伍年級至一九六壹年七月就讀小學陸年級，特發給證明書，以資證明。

此證

校長 唐志堅

洪咏君在劳工子弟学校的就读证明书

有继续念下去了。我妹妹因学业成绩较好，差不多年年考第一，学费几乎是全免，故能读至中学毕业。

我1959年小学毕业后，一直留在家中帮忙打理家务。我妈妈广泛了解了当时澳门的工作状况后，认为到制衣厂当车衫女工会有较好的前景，所以第二年我便到了制衣厂工作。

四十多天的学徒生活

我入行的时候，厂里还是使用早期的脚踏衣车来制衣。在我投身这一行业前，除了要付学师费外，还需要付制衣车的租金，才能学习制衣。还记得那时想学师并不是那么容易的，必须等到有学生学完，有空余的位置，得到师傅的允许，才能学习车衣。

我当时学习车衣的地方是师傅租来的一个大厅，厅中放置了几部制衣车，也称不上是规模大的工场。师傅所教授的制衣内容很全面，几乎一件衣服的制

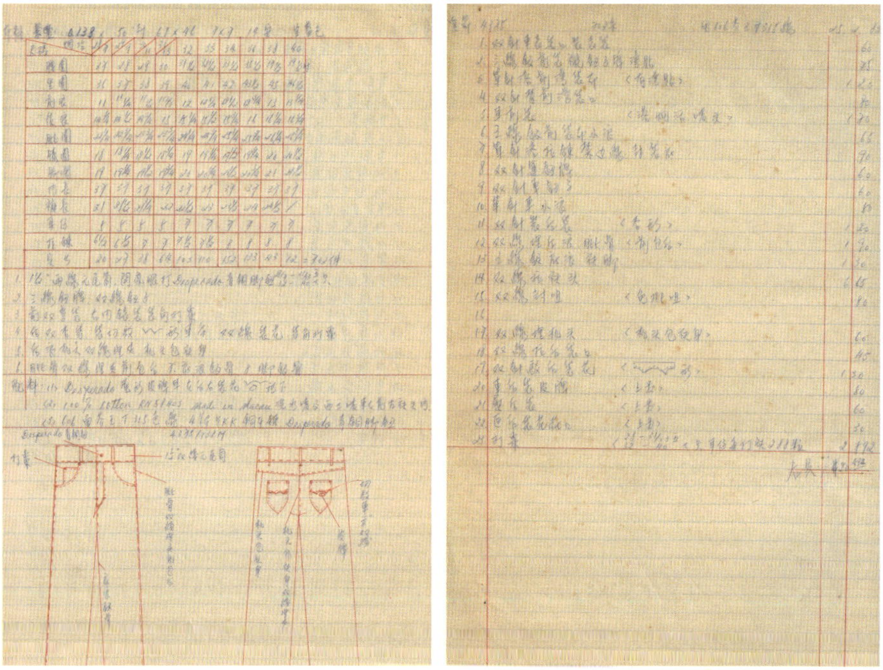

洪咏君的制衣笔记

造工序及技巧都能学完。

只要师傅认为学徒的技术成熟，便会要求学徒每天制作规定数量的衣服。当时我的师公（师傅的丈夫）是制衣工厂的厂长，他每天都会将学徒车好的衣服拿到工厂，然后将另一批制作衣服的材料拿回来。我很幸运地学了四十多天，就能到工厂工作了。

少年制衣　趣味事多

我工作的第一间工厂位于白鸽巢附近，也就是以前的培贞学校旁边的西洋制衣厂。当时这所工厂的衣车同样是需要付租金才能使用，而租金会从工资中扣除，制衣的材料也要员工自备。换句话说，厂家只提供地方工作，其他都要员工自行处理，所以我们当时的工资也不是很多。

那段时期，由于澳门的电力供应有限，电力限制很严，电力公司更不允许工厂加班，因此工厂会有一位阿伯，坐在木凳上，在工厂门口看守。阿伯是受过训练的，只要远远看见有电力公司的车子，他就会马上走进来把灯关掉，并叫员工们蹲下，待电力公司的巡查人员走了，又会把灯点亮继续工作。想起来也很有趣的。

以前我家住的十八间是没有巴士的，我常常与一些住在家附近的女工一起走路回家。当时经常有些黑人（驻澳的葡国非洲士兵）在街上行走，他们有时会跟着一些女生，且晚上街道昏暗，我们都十分害怕。当下毛毛细雨时，我们就会选择较斜的巷子行走，因为葡国兵穿的是长靴，他们就没有那么容易跟上我们了。

洪咏君早期单照

考入摩打衣车制衣厂

由于制衣业发展迅速，脚踏衣车逐渐被取代，有些来自香港的厂商来澳投资，都改用摩打衣车，那些工厂，就是我们工友梦寐以求的工作之处。我们都没有试过新衣车，只有很少工厂有摩打衣车。

我入厂的时候需要通过考试，考试内容就是车衣技巧。男性长袖恤衫的袖口位置有一个扣子，它有两种款式，一种是三尖侧，而另一种是一条过的R侧；入厂考试除了考这两种款式外，还要考车袋技巧，袋也分两种，一种是三尖袋，另一种是圆袋（当时并没有制袋的机器，全是由手工制造）。

因为很想进厂，我最终鼓起勇气去参加考试。面试官给了我一块布叫我试车。最后我试了两间工厂才考进了。考进的那间工厂在距离我家较远的下环街，属于住家式的工厂，里面有八至十部衣车。

偶遇制衣伯乐　技术更进一步

我在那间制衣厂做了几年。当时我哥哥在香港认识了两位很好的前辈，一位来自上海，另一位来自广东。他们在以前南湾戏院附近开了一间名叫占美的西餐厅，我哥哥建议我到西餐厅帮忙，并学习收银的事务，我就暂时放下了制衣的工作。

那间西餐厅在澳门颇有名气，光顾的客人大多是外国人，我就萌生了学习英语的念头。那时我一边收银，一边进修英文。

1966年底，“一二·三事件”中，在法院附近拉倒了铜像，这间西餐厅的生意大受影响，不久便歇业了。

洪咏君（左二）婚礼当日

后来我考入了香港联合制衣厂的恤衫部工作，日薪为四元。就当时而言，这样的薪金已算是不错了。那时我们这些女工会在后排车衫，而男工在前排车衣领（又名领王）。那些男工很喜欢唱粤曲，常常要女工们和他们一起唱，他们唱男声部，我们唱女声部，大家一起娱乐一下。

这间工厂还给了我一个学习的机会。当时工厂有些布料的颜色过于鲜艳，很难做版，做版师傅因此不愿意制造这些布料，便提议让我尝试做做看，结果给了我一个学习做版的机会。

几经辗转　不弃制衣

“一二・三事件”后，当时的澳门市道好淡，许多以前在澳工作的男工友们，大多转到了香港工作。我认识的一位男工友转到香港红磡附近的西装厂做管理，我也受邀到那间工厂工作。去了一段较短的时间，在此期间我学会了一些制造西装的技巧，加深了对制衣的认识。

我在香港，转过多间制衣厂工作和学习。后来因为身体不适，便回澳休养。我哥哥在湾仔开了一间餐厅之后，我再次去了香港，在哥哥经营的餐厅工作。最后还是因不适应香港的生活，并在母亲的劝告下，回到澳门，安顿了下来。

休养期间，我仍旧没有放弃制衣，因为当时我对于制衣有很大的热诚和兴趣。我一边在家中自学，一边替人缝制衣服。那时我每天依靠替邻居缝制衣服来赚钱，当时缝制一件衣服，约一元半至两元。

洪咏君（左一）与友人游玩留影（一）

当上指导员

1970年，我的一位制衣工友来澳做厂长，邀请我到恤衫厂当指导员，月薪为四百元。到了第二年我结婚了，不久当了母亲。在这段时间，我一直在恤衫厂工作，直至1976年转到牛仔厂做指导员。牛仔厂的薪金比恤衫厂的高一倍。牛仔厂厂长人很好，经常会教我一些有关牛仔的制衣技巧，故此在牛仔厂工作时，我学习到很多有关牛仔衣服的款式制作方法。

1978年，牛仔厂老板在澳门美副将大马路附近又开了一间牛仔厂，我又受邀到这间厂工作。这间工厂主要是加工牛仔服饰，出产的牌子是当时较著名的苹果牌。

两次大量人口来澳

1967年缅甸军政府策划大规模的排华事件，那时有部分缅甸华侨逃往澳门，其中部分华侨选择到制衣厂工作。我记得，起初那些华人都不太能够适应，他们在缅甸大多是金边（即富俗人家），没有打工的经验，而且更没有想到他们在缅甸如此大笔的金钱，兑换成葡币后变得那么少。他们说："要是在缅甸，拿着那些钱，已足够购买一栋房子了，但在澳门只够买一个单位的房子。"其实当时那些被排的缅甸华侨，他们并不希望在这落地，而是想到法国等外国。另一方面，他们有一个优点是我很欣赏的，就是他们的适应能力很强。虽然他们起初觉得很辛苦，但我们向他们解释了澳门的环境后，他们很快就投入工作，有一些还跟我成为好友。

七十年代末，中国改革开放，那时大量的内地人来到澳门的制衣厂工作，我还是努力地教导他们。但当时的工厂老板会因人手过多，而把工人的薪金压低，幸好我当时所在的工厂老板并没有这样做。

后来由于来自内地的工人越来越多，人事关系也开始变得错综复杂，难免钩心斗角。在这样的工作环境下，我感到非常辛苦，最后决定暂时离开制衣业，回家休息。

在休息期间我曾报读了一些由总商会办的制衣技术进修课程。我对制衣的付出，不单是为工作，多半动力还是来自我对制衣的兴趣和热诚。

渐退制衣业

1981年，我再次投身制衣行业，到了一间由潮州人开设的工厂工作。虽然那间厂房的规模不是很大，但它仍能继续经营，是由于当时的老板在香港开设了一间厂房和洋行，澳门的厂房则是他的分厂，负责承担香港的订单。

我除了担任该厂房的厂长外，还帮忙找一些山寨厂承包一些订单。1989年，

洪咏君（右二）与友人游玩留影（二）

洪咏君与家人一起参与工会活动（一）

洪咏君与家人一起参与工会活动（二）

我受一位朋友邀请到棉织厂工作，工作几年后，便开始淡出制衣业。

2003年，我受朋友所托，到上海牛仔厂担任样板房技术总指导和培训工场的管理员，帮忙解决其事务上的困难，一年后返回澳门。

参与工会活动

回澳后，我除了经常参与制衣工会的活动外，也帮助制衣工会到工厂里当督导（即监管该厂是否真的有心培训员工），还协助由劳工局与工联合办的青壮年培训课程，为较年长的人士服务。

现在我也经常到制衣工会当义工。之前我在工厂工作，只了解厂内事务，对象都是工友以及客人等。我退休后，反而能够多参与工会的活动，我不但学习了很多东西，也开心多了。

制衣人的坚守

黄凤霞 / 口述　陆婉珊 / 整理

出口加工业以往在澳门占据着重要的地位。说起加工业，多数人都会想起神香、爆竹和火柴，虽然它们是澳门出口加工业的主体，但是真正令澳门经济正式起步的出口加工业是后来新兴的制衣业。

从二十世纪六十年代到八十年代，制衣行业大大推动了澳门的经济起飞。但到了九十年代初，制衣业却面临种种危机。现在制衣业正处于艰难的时期，对于从事制衣行业将近三十年的黄凤霞来说，这个情形，她又如何应对呢？

辛勤的童年

我叫黄凤霞，1959年出生，广东省台山县人。我家中有一弟一妹，住在澳门三盏灯附近。家里是从事制衣行业的，所以我很小的时候就一直协助家人的工作。

早在我七八岁的时候，就已经懂得用衣车缝衣服。我经常缝一些小花裙、小衬衫给朋友的玩具穿，每完成一件作品，我都觉得很有成就感。

以前我大部分的时间都是在家中协助妈妈的工作，我妈妈常带一些裁片回

黄凤霞12岁于外婆家留影

20世纪80年代，黄凤霞参加工联文艺晚会的演出

家做衣服，每完成一件完整的货品，她就要负责剪线头等工作。有时候制衣工厂的负责人会把货品送上门，完成后便收货。但有时候妈妈比较辛苦，要自己走上门找货源，以前住在三盏灯附近，去取货则要走到南湾戏院附近。

我初中毕业后到李锦涛学校念英文夜校，一直读到中五毕业。在二十世纪七十年代，澳门制衣行业十分欠缺人手，为了帮补家计，我初中毕业后就出来工作，到放工后，才去学校。那时制衣工厂多数是下午七点下班，而夜校是晚上八点上课，所以有时候，我们晚饭都要等到晚上十点放学后才可以吃，十分辛苦。

20世纪80年代，黄凤霞（前排左二）与制衣工会舞蹈成员合影

从家庭式制衣工场到新华制衣厂

我最初接触制衣业是由于我父亲的缘故。我爸爸原本在香港的制衣厂工作，后来制衣厂在澳门设厂，要从香港请人到澳门工作，我爸爸便来澳门新开的德祥制衣厂工作，从此我们全家人就开始在澳门生活。

爸爸后来转到大鹏制衣厂工作，而妈妈就在家中缝衣服、开班教人制衣。那时候很多人都会在家教人裁缝，待学员学成后，就介绍他们到工厂工作。我妈妈在家中放几台缝纫机，供给学员使用，衣车不够用的时候，学员便会从针车行租衣车。租一架衣车，租金是二十元一个月，用完后就把衣车交回针车行。

20世纪80年代黄凤霞的演出照

因为以往的澳门人多数都是留在家中做一些手工赚钱，如果能够到工厂工作，已经是很不错的了，当时制衣厂的工资是相当不俗的。

八十年代的时候，很多青年人刚刚初中或高中毕业，都会选择到制衣工厂工作。如果是熟手的工人，一个月可以有两三千元的工资，但做文员的只有六七百元。丰厚的工资，吸引了很多的青年人从事制衣业。

七十年代的澳门制衣业曾遭受两次冲击，一次是1974年的“四二五”葡

會字第七五一零叄五號

學生黃鳳霞係廣東省台山縣
人現年拾柒歲在本校會計科
修業期滿成績及格准予畢業
此證

澳門中華總商會主辦
商訓夜中學校校長 何賢

公元一九七六年一月廿六日

1976年，黄凤霞取得会计文凭

国革命，令澳门制衣业失去了葡属东西非的广阔市场；另外一次是1974年的中东石油危机，欧美市场出现暂时性的收缩。这两次事件，令澳门很多人失去工作。

我们家亦受到影响，最低潮的时候，父母要出外卖衫赚钱。两年之后，澳门制衣业重新计划，慢慢好转。后来我爸爸接到香港客人的订单，因接全单赚钱比较多，于是我便辞去外面的工作回家帮忙。我们家庭式的工场慢慢变成一间小规模的制衣工厂，就是新华制衣厂。

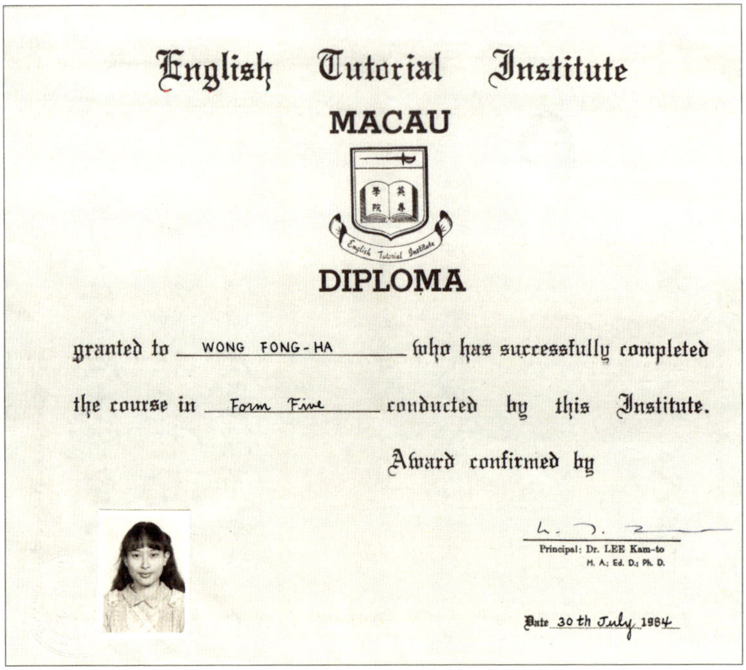
English Tutorial Institute
MACAU
DIPLOMA
granted to WONG FONG-HA who has successfully completed the course in Form Five conducted by this Institute.
Award confirmed by
Principal: Dr. LEE Kam-to
M. A.; Ed. D.; Ph. D.
Date 30th July 1984

1984年，黄凤霞取得英文进修文凭

繁复的文职工作

一般的制衣厂是早上八点半上班，中午十二点半下班，下午两点开始，下午四五点可以休息一下，如果要外出买东西或吃饭，就要于半小时内回到工厂继续工作，下午七点落班，有时候更要加班至八点半。

我十岁左右，制衣厂就已经改用摩打衣车，再后期更出现电子衣车，主要的原因是希望可以减轻人手和加快工作的速度，从而减轻人力资源的负担。

黄凤霞（右二）与著名钢琴家刘诗昆（右一）等合影

新华制衣厂最高峰时期，聘请过六七十人工作。我出来工作，就接手家里的生意，哪个部门人手不够或做不完，我就去帮忙。正因为这样，每一个部门我都能够应付，有时候我还要做导师，教新手如何制衣和调配员工等。

因为当时制衣业很兴旺，到处都缺人手，请文职更是十分困难，所以我唯有自己学做文员，经常来往经济厅等政府部门处理一些文件。

当文员，面对的最大难题便是来自香港的英文订单，有些更有很多专业名词。我有一次弄错了货品的尺寸，待送货到客人手中时，人家便要求赔偿，我要负全责。我深深感到自己的学历低，就努力进修会计和英文，以便应付文职工作。

黄凤霞（右）与著名粤剧表演艺术家红线女（左）合影

新华制衣厂的规模很小，自然不会有人来做文职，只有我自己着手做，压力相当大。一般在客人下了订单后，我的第一件事便是着手做货版给客人，确定后就订布料和其他配件，再给裁床部做裁单。这个工序必须依照客人的批版、尺寸和款式的规定，列出一份制衣单。在布料方面，就要看一下有没有损坏和色差。一切弄好，才可开裁，裁片分发到车间各部门处理。待成品出来后，文职要查货，复查好后接着就包装，加条形码还是加吊牌，都要依照订单上的指示去做。包装完成后要入箱，装好后，文职就要出一张装衫单，写明大码、小码各几箱等事项。一切准备好后，便要办理政府文件，有时更要为需要离澳的货物办出口证。这些工作都是由文职处理。

当时做文职，工资二千多元，有时候车间工人工资会高过文职。他们是件工，只要他们工作效率高，做的件数越多工资就会越多。

跳舞的快乐时光

当时我有个夜校同学，是制衣工会的人，听到消息说制衣工会开舞蹈班，我自小就对跳舞很感兴趣，所以就请求同学带我去报名。正因为这个原因，我加入了制衣工会的舞蹈班，更加入工人剧团，认识了现在的丈夫。

我丈夫负责音乐，我负责排舞，我们一有节目就合力演出。我对舞蹈怀有浓厚的热情，虽然制衣工会对我来说很陌生，但我愿为自己的梦想而做出尝试。

我对于跳舞最初的认识，主要来自学校毕业典礼时的舞蹈活动，而真正对舞蹈有较深的认识，是从参加制衣工会的舞蹈班开始的。以前我跳的舞，多数是民族舞和古典舞，排舞时工会中的一些前辈和之前工人剧团的人会教学员怎样跳，或者看一些录像带，学习一些舞步，再教给学员。

每当有节目，舞蹈班的成员都会很兴奋，大家会一起做表演服，有的人负责做头饰，有的人负责裁衫，大家分工合作，有时都不上班，而去做准备表演的工作。

《澳门日报》刊登国庆游艺会上黄凤霞的舞蹈演出照

排练期间的费用都是自己掏腰包，但我们并没有一个人埋怨，大家都很齐心，朝着一个方向去做事，所以工友间的感情十分深厚，我的大部分好朋友，都是跳舞的时候认识的。

家族生意的使命

在二十五岁左右，我觉得自己的知识不够，便放弃了自己的兴趣，退出了工人剧团，继续进修，使自己能更专注于新华制衣厂的文职工作。

现在新华制衣厂由我和我妹妹管理。自从改革开放后，很多厂家便在内地设厂，主要原因是现在的客人要求都很严格，给的价钱更是很低。

黄凤霞（右二）在坦洲工厂与亲人的合照

澳门回归日，黄凤霞与子女在菜农学校，其妹和朋友准备去迎接解放军

为了降低成本，新华制衣厂近两三年来，结束了本澳的生产线，而在内地设厂，这样做，能有效控制人力资源和生产成本。现在接的生意多数是香港的订单，处理一些文职工作后，再批去内地坦洲的工厂生产。

我现在和丈夫、女儿还有两个儿子住在氹仔。由于我自己的生意要经常内地澳门两地走，因此很少留在家中照顾自己的子女。

我希望子女们读自己喜爱的课程，以前我自己是迫于无奈才接管家业，我不希望自己的下一代也受到约束。可能是受到我的影响，我大女儿现在在读时装设计。

我们全家都从事制衣行业。面对现在澳门的经济环境，制衣业不得不采用各种办法转型，与时俱进。

我自己大半生的青春都放在了制衣业上，放弃了追寻自己的梦想，而坚守制衣业。

微笑背后的曲折人生路

林瑞意 / 口述　梁志勤 / 整理

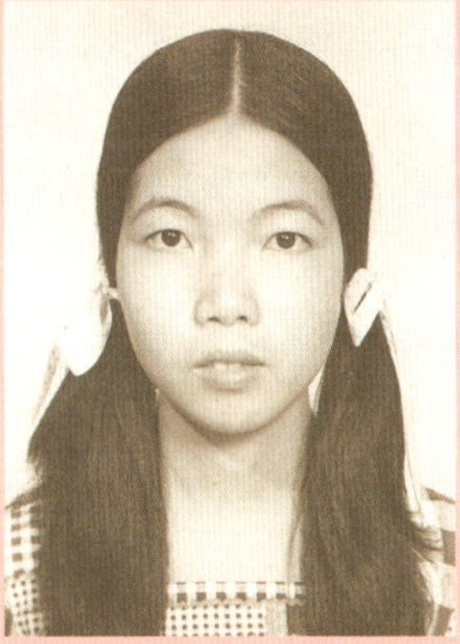

一个微笑，令满布风浪的人生路变得风雨无阻，也令林瑞意的一生祥瑞如意。工作了大半生，林瑞意一直都好学不倦，不断进修自己，充实自己。靠着一双手，她追逐自己的理想，用真心面对每天遇到的人和事。

幽默感　来自笑中有泪的童年

我叫林瑞意，在澳门出生。大约三岁的时候，父亲的一个朋友骑着单车载我去买零食，但我却不小心把脚卡在单车的轮子里，受了伤。后来他把我带回家后便匆匆离去。回家后，我坐在地上，并没有哭，因为口中一直吃着零食，对于当时只有三岁而且家境清贫的我来说，这已经是很大的幸福了。后来我父亲察觉到有异样，才知道腿已断了。

1983年，林瑞意（中）全家福

1974年初，林瑞意（前排右一）与工友在绍兴旅游留影

我小时候，家里有冬瓜汤喝已经很好了，但不是因为冬瓜很贵，是因为比冬瓜贵的食物我们买不起，我们实在太穷了！而在没钱买菜的时候，我们便吃盐饭，不是盐油饭喔，因为油也是相对较贵的。

我家住在筷子基，而筷子基临近海边，所以每次玩捉迷藏的时候，我都会选择躲到船边，到了潮涨时，身体湿透了才会走出来。有时我晚上还会约朋友一起去捡香灰炉，洗干净后便拿去换麦芽糖吃。

我的实际出生年份和身份证上的并不一致，原因是当时外出工作，如果身份证上的年龄比较大的话，会比较容易找到工作。我虽然是在澳门出生，但上报是在内地出生，因为不用上缴任何出生证明，而且因为是整条街的街坊一起去办理的，所以出生地点大家都一样呢！

我曾入读多所学校，第一间学校便是真原小学（即现时的圣若瑟）。这间学校环境不算好，两个同学共享一张桌椅，不过最特别的是有普通话课，可惜不久便停办了。

因为当时我家收入很少，加上化地玛学校每天都会提供早餐，所以我便转

林瑞意（前排左二）与工友到湖南毛泽东故居参观交流

到化地玛学校就读。这所学校的环境实在很好，有独立的桌椅，课程齐全，甚至有葡文课程，而且不时会派发从美国寄来的救济品，就当时来说，可算得上是一所贵族学校。

读到六年级，由于我没有钱缴学费，因而转读圣德兰学校。因为买不起圣德兰的校服，我便自行改造化地玛的校服，但当时我还未学习裁剪呢！之后我又辗转读过铁城难胞夜校、难胞日校、镜平学校等学校，可惜始终没有拿到毕业证书。

就读过这么多所学校，我觉得虽然化地玛学校环境最好，但学生的素质实在很一般。有些同学的家庭比较富裕，受的待遇亦相对比其他同学好，甚至在背书时，即使忘记了，只要给班长一些零食便可过关；但家境较差的同学，背书时却会被班长为难。不过只要自己有用心温习，别人怎样为难你，也一定能够过关。

我频繁转校，是因为实在没有能力缴学费，只好选择一些有粥派，而且免交学费的学校。可能是因为以前没有什么娱乐，所以我们的学习会比较认真。以前也比较重视品德教育，比起现在的学生，我们这一辈的礼貌可算是好得多了。

在学变为在职　只为养家

因为家庭贫困，我十二岁便出来工作了。化地玛的学生虽然不好，但老师称得上不错，她们知道我家庭经济有困难，便介绍我到跑狗场穿珠子。这份工作好在有早餐供应，而且多劳多得，能够赚多少全凭自己的努力。

穿珠子的收入不多，我听闻在制衣厂当车工的收入很可观，便希望能够到制衣厂当杂工。当车工，只有两个途径，一个便是由杂工做起，另一个就是去拜师学艺。可惜等了一年，我都进不了厂做杂工，唯有选择拜师。拜师要交学费六十五元，我便想尽办法说服母亲，拿了父亲每个月从香港寄回家中的六十元家用，自己再筹集尚欠的五元，正式开始了我的制衣生涯。

踏入制衣业　奋斗大半生

两个多月后我就满师了。在师傅的安排下，我到了一间制衣厂工作。这间厂的环境很差，用的是旧式衣车，地板甚至还会摇动。一个多月后，厂终于购入了电动衣车，但厂长并没有遵守诺言，反而让刚请来的车工使用新购的衣车，我一气之下，便到了另一间厂工作，而原厂过了不久便倒闭了。

20世纪70年代，林瑞意在天虹制衣厂留影

1974年，林瑞意婚礼当日（礼服均为其亲自缝制）

原来制衣有分淡季和旺季：夏季和冬季是旺季，春季和秋季便是淡季，因为夏季便会做好冬季的衣服，冬季便会做好夏季的衣服，只有少数的厂房在淡季还会继续生产。

过了不久，工厂又倒闭了，我便到天虹制衣厂工作，一做就做了二十多年。在天虹制衣厂，我从车工做到主管，凭自己的努力换来丰硕的成果。转厂前，我一个月只能赚到三十多元，但转厂后一日就能赚十多元，生活条件可谓大大改善。加上天虹制衣厂离我家较近，中午都能回家为家人准备午餐。

我由低做起，注意妥善地为不同工种的工友安排工作，也能处理好劳资双方的关系，算是称职的指导员。

指导员的工作，并不只是为工友们安排合适的工作，还要为她们解决生活上遇到的问题。在早期，工厂还允许小孩子到制衣厂，每天放学后，我会在工厂收拾好一处地方，让工友的小孩休息、做作业。到了下午茶的时候，也会带他们到工厂的餐厅买一些点心，这样可以使工友们能够安心工作。

在天虹制衣厂工作了二十余载，最后也难逃转厂的命运。老板和老板娘对我很好。老板过世后，老板娘就接管了工厂，后来因为她不接受儿子在外国所学到的管理方式，所以她儿子便放弃了接管工厂。老板娘去世后，工厂交由老板的妹妹管理，但由于她缺乏经验，所以工厂便开始慢慢衰落。

工厂已不能继续经营，我刚好在街上遇到往时的工友，便转到新和制衣厂，继续我的制衣生涯。最令我失望的是，天虹制衣厂在我转厂后不久便倒闭了，我与赔偿金擦身而过。因为当时已有了劳工法，也有为保障基金供款，加上工作这么多年，如果工厂倒闭了，我本是可以获得一笔可观的赔偿金的。

由盛转衰　见证制衣业式微

我在新和制衣厂工作了十八年，最后因为制衣业的变迁而选择了退休。

制衣业曾经是澳门重要的经济支柱，但随着二十世纪九十年代澳门的经济转型，制衣厂从本地转到外地，员工由本土转为外劳，制衣业也从兴盛走向衰落。我是看尽了制衣行业的辛酸。

从2004年起，随着制衣厂的北移，我开始北上工作。虽然工厂有提供补助，但因为工作时间相对延长，加上内地工作制度的变化，我感到不适应，开始厌倦这种工作模式，于是在今年三月辞去了工作，开始了退休生活。

在早期，制衣厂是不用担心没有订单的，甚至客户会对制衣厂百般示好，

1996年，制衣工会第十八届理监事就职联欢餐会

20世纪80年代后期，林瑞意（左二）参加工会联欢活动并与工友合影

为的是希望工厂能接下他们的订单。但现时的情况逆转了，很多制衣厂为了接下订单，不惜降价吸引顾客，而且客户对衣物的质量提高了，款式也变得更为复杂。某些有名的品牌也只会把第一批货物交给质量高的工厂做，往后的便转到泰国等成本低廉的工厂生产。对于制衣厂而言，现在真是“生意难做”了。

现在的制衣工人一个月的收入最多只有三千多元，根本很难维持生活，加上年轻一代大多都投身服务业，澳门的制衣业前景暗淡。

工会趣事多　班组见闻广

1967年我加入了制衣工会，经常参加工会的活动和班组课程，例如裁剪班、插花班、化妆班……我觉得最获益良多的，便是裁剪班。我学成后，立即为三个妹妹做了裙子，还特意到照相铺租相机回家拍照留念。我结婚的时候，礼服也是由自己一手裁制的。每天下班后，我还很喜欢为别人量身定做衣服，不过并不是为了赚钱，而是因为兴趣。

20世纪90年代初，林瑞意（左三）参加剪发班考试

也正是因为喜欢制衣这个行业，所以我才在其中奋斗了四十多年。

有一次工会举办时装表演，其中一件衣服的设计比较特别，我们一起研究了很久，也不懂该怎样穿。而设计师坚持要亲自为模特穿上，但因为模特全都是女性，而且都是赤裸的，设计师是一位男性，基于安全考虑，所以设计师的要求被拒绝了。为了尊重设计师的设计理念，最后我们请他示范穿着的方法，事情才得以解决。

说到现在，我的儿女都已踏足社会，有些已经成家立室。我一生的努力都已得到回报了。

风雨过后是骄阳

冯宽容／口述　梁志勤／整理

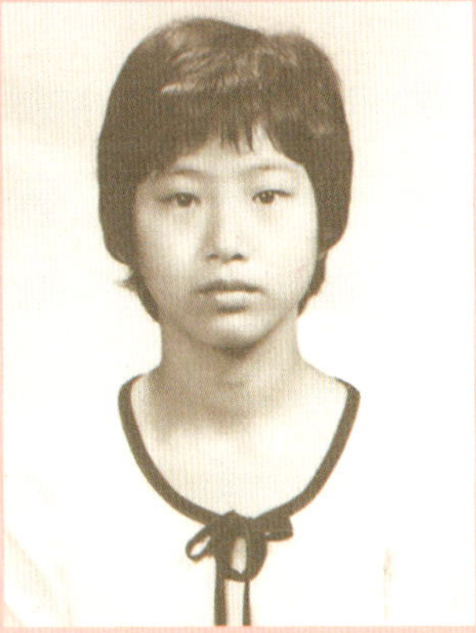

一步一脚印，冯宽容用自己的汗水修补了曾经受创的心灵。在忆起工友们各散东西的那一刻，她潸然泪下。风雨过后，必有骄阳。敞开心扉，好好享受晴朗的天气！

重温往事　苦乐参半

我叫冯宽容。在二十世纪六十年代，因为我家的收入较低，每天放学后，我便会回家和几位兄弟姐妹一起帮母亲做爆竹，每天都要做好十扎爆竹后才可以温习功课。因为实在是太累，每当温习的时候我就想睡觉，老师教授的内容有很多都忘掉了，所以我的学习成绩一直都不太理想。

闲时我会和邻居一起玩耍，我们那个时候，儿童的消遣游戏，大多需要消耗比较多的体能，如跳飞机、捉迷藏等。玩到累时便会回家饱吃一顿，虽然只

1996年，冯宽容（右一）参加制衣工会第十八届理监事就职联欢餐会

1975年，冯宽容（后排右三）参加工人田径运动会获女子四百米接力冠军

能吃一些十分普通的菜式，但能够保证体力就可以了。最常吃的便是咸鱼渣拌饭。所谓咸鱼渣，其实本来是一块咸鱼，但是兄弟姐妹一起夹的时候，便会散开，然后我们便会用蒸咸鱼的姜丝和汁一起拌饭吃。有时把饭焦泡水煮一煮，便已觉得很美味了。

应该是因为童年的影响，我到现在一直都十分珍惜食物，经常教导儿子不可以浪费。

我们一家，每月收入仅有数十元，只能勉强糊口，如果突然发生意外，就

冯宽容在办公室留影

只好到当铺典当。在家人生病的时候，我最常跟母亲出入的地方便是当铺。幸好，后来我们家遇到一位很有医德的医生，可以让病人先赊账，有钱的时候再归还。如果没有那位医生，我都可能活不到今时今日了。

我读小学的时候有英语课，虽然学习初期的成绩还算不错，但由于祖母病倒了，我经常逃学照顾祖母，结果成绩一落千丈。后来报读夜校，最后也因为工作过于繁重的关系而选择放弃。

现在再重拾书本，我发现记忆力已衰退，总是忘东忘西，只好不断复习。

我好希望有一天能够操得一口流利的英语。

童年阴影　影响深远

我在玛大肋纳嘉诺撒学校就读期间，曾经有过一名好友，我们本来感情甚好。有一天，我看见我妹妹在爬铁丝网，于是便想过去和妹妹玩耍，但在同一时间，我的好友正往另一方向行走，结果两个人便撞在一起。令人讶异的是，我被她冤枉成蓄意伤人。结果我被老师用木藤打得双手瘀伤。

回家后，要帮忙做爆竹，但手实在是太痛，根本做不了，就被我妈妈发现

冯宽容工作照

冯宽容（右三）在车间与工友合照

了。后来妈妈到学校和校长理论，了解整件事后，认为是老师的错误，学校辞退了那名老师，就当时来说，算是十分严重了。

虽然老师被处分，但经过这件事，我对学习和生活的态度完全改观，觉得经常会被同学冤枉，而且在这个社会，穷人就会被人欺负，没有一个人会真心待人。

踏入社会后，我依然有抗拒心理，几乎没有知己，觉得大部分人是虚伪的，和别人相处的时候总是会保持距离。

制衣生涯　考验重重

我十三岁时便开始了自己的制衣生涯。

我进入的第一间工厂是天虹制衣厂，当时是做杂工，每日只有三元五角。

因为很久都不能升上车工，我转到环球制衣厂工作。正所谓“鱼唔（不）过塘唔（不）肥”，转厂后，我便当上车工，收入慢慢增加。后来我辗转做过几间工厂，最后转到了一间有良心、更是澳门制衣厂佼佼者的德祥制衣厂。

在德祥工作的时候，我负责的工序是“车袋”，在工种的分类上来说，算是一项要求“快、靓、正”的高技术工作。后来德祥发展到生产牛仔西装，用牛仔布来做西装。因为是一项新技术，必须要拜师学习，但在学师期间，制衣厂只会支付每天八元的底薪，对于当时月薪至少有数百元的车工来说，是完全没有吸引力的。可是我喜欢挑战新事物，而且求知欲很强，所以就自愿去学艺了。因为我肯学肯做，做事认真而且主动，后来被厂方提升，负责制造货办。

到了二十世纪七十年代，制衣业兴盛，澳门的制衣厂数量急速上升，人手开始短缺，有很多主管都转去一些工资较高的工厂。正是因为这个机遇，我就由车工升到主管，在德祥制衣厂服务了三十年。

我小时候很喜欢打篮球，所以对于团队精神十分重视，在生产过程中也能和工友们通力合作，很多工作上的难题都得以解决。不过，不久一个突如其来的难题差点令我永远离开制衣业舞台。

冯宽容（中）与明星合照

当时工厂内的车工几乎都是从内地私渡来澳门的，对制衣这项工作毫无认识。在厂内有熟工的辛勤教导，也至少要花半年时间，才能够使她们技术成熟。踏入生产线后，慢慢稳定下来，结果却在一夜之间，全厂的员工都“蒸发”了。原来她们都私渡去香港了，为的是取得香港身份证。

工厂完全瘫痪，根本无法生产。幸好还不断有人从内地来澳，加上工厂从香港调派车工协助生产，这才暂时解决了人手不足的问题。

为了能彻底解决人手不足的问题，德祥制衣厂便在工厂的天台开设了一所托儿所，使车工们都能够安心工作，无需担心照顾子女的问题。

难题发生的同时，我因为焦虑和过度用嗓，声带受损，完全无法说话，见到我这样，经理给我放了一段长假，休养生息。我走遍香港、内地，见尽无数医生，但病情始终没有好转，后来才不得已到香港聋哑中心学习发音，回澳后便慢慢练习用新的发音方式说话，尽量维持自己的声线，最后才得以重返职场。

回到工厂后不久，又一个意外发生了。1982年4月25日下午两点多，位于德祥制衣厂旁的油漆铺发生火灾。因为正值上班时间，工厂内聚集了过千名员工，在工厂负责人的指挥下，大部分员工安全逃生。

我那天原本不用上班，因为前一天是我妹妹结婚的日子，但由于在家中无事，我就回到工厂上班。在火灾逃生期间，我警觉到托儿所内的儿童还没有人上去营救，于是便和一些工友一起去救被困的幼童。

在我们的努力下，近四十名小朋友安全逃出工厂。我带走最后一个女童的时候，由于身体才刚刚康复，加上托儿所位于工厂最高的十楼，跑到四楼时，已体力不支，差点倒地，幸好当时工厂的负责人老永先生还留守在工厂，我和女童才逃出生天。

后来，我因为此事还成了英雄，登上了报纸！其实真的不算什么。

自有一套管理法

在工厂工作多年，除非是在我自己认为有需要的时候，才会参与活动，否则很少会和工友一起聚会，原因是我要和她们保持适当的距离。如果和工友们的关系过于密切，管理的效率反而会下降。

因为自己也曾做过车工，我一般都会从车工的角度去分析问题，尽量为工友们争取最适当的待遇。但当遇到工友提出无理要求的时候，我也会做好主管的角色，在劳资双方之间取得平衡，一旦处理不当，便会不时发生工潮。幸好资方是一个好老板，所以每次劳资纠纷基本上都能完满解决。

冯宽容活动照

累积了多年的经验，加上和工友们合作了很长的一段时间，后来我在管理的时候，只需要在远处打一个手势，便能准确地下达命令。

每逢客户巡厂，我都会仔细观察客户的反应，立即对工人们下达适当的指令，每次都能令客户满意，老板也佩服。

有梦难追

可能是我比较喜欢打抱不平吧，我曾打算投考女警，但因为要求英语程度良好，加上我母亲强烈的劝说，我无奈放弃了这个梦想。到了声带受损时期，因为本身对美容这个行业很感兴趣，而且天性爱美，我也打算转行当美容师，甚至还报读了美容课程。后来，也是因为我母亲的反对而打消了这个念头。母亲经常教导我做人要脚踏实地，不可好高骛远。因为一直受到这种思想的熏陶，我一直都没有转新环境工作。

后来我曾经得到一个到香港工作的机会，因为压力太大，以及丈夫的反对，最后辞了这份工作。

制衣业兴衰历程

澳门制衣业在二十世纪七十年代发展蓬勃，主要原因是在美国、欧洲等地有大量的订单，而且全都只求数量，不求质量，因而有大量的新厂涌现。当时一间制衣厂只要生产三个月，便能赚到一年的利润。也正是因为制衣厂数量的急速膨胀，过了几年，本地劳动力开始短缺，加上很多车工都结婚生子，当起全职主妇，所以从1973年开始，便有厂房转到别处生产，不过全部都失败了。

到了七十年代后期，因为开始有澳门回归的消息，内地开始制定优惠政策，才陆续有少数厂房迁移成功的例子。

到了八十年代，大批内地人私渡来澳，因为本土劳动力不足，澳葡政府和制衣厂商协商后，决定派发证件给私渡客，工厂亦可正式聘请他们投入生产，解决了劳动力不足的问题。

五年后，澳门开始实行配额制，成衣质量的要求亦相对提高，加上订单数量过多，本地的劳动力已经供不应求，于是便开始大量迁移到内地生产，暂时解决了燃眉之急。

到了九十年代，新的配额制实行，有些厂商因持有太多配额，只靠本地的车工根本无法完成，因此便出现了工序外移，在澳门只需完成小部分工序，目的就是节省成本。但是这种方法并不能持续发展，于是便有一些实力较强的厂商到缅甸、泰国等国家投资，因为当地劳动力充足，而且发展经济最好的途径便是从制衣业着手。

025206 (Merit 2)

Wynn MACAU

Certificate of Achievement
嘉許獎狀

In recognition of dedication and commitment to excellence,
為彰顯其努力不懈追求卓越表現的精神，
Wynn Macau is pleased to honor
永利澳門特頒獎狀予

Fong Fun Iong 馮寬容
Perfect Attendance Award 勤工獎賞
28th March 2008 二〇〇八年三月二十八日

Thank you for making Wynn Macau special.
感謝你為永利澳門添上光芒。

Signature 簽署

Doreen Whennen
Executive Vice President Operations - Hotel

2008年，冯宽容被授予勤工奖赏

在外地“价钱平、人工低、利润好”的影响下，澳门的订单越来越少。

到九十年代中期，澳门的制衣业已成了夕阳产业。

热爱运动　与工会结缘

我十四岁的时候，制衣工会正举办篮球活动，我很喜欢这项运动，因此加入了制衣工会。那时闲时的消遣活动不多，所以我一直参加由工会举办的活动，经常代表工会参加各种运动竞赛，赢得多面锦旗。

澳门回归日，冯宽容（左）参与庆祝活动

后来我也经常参加工会的班组课程，发展自己的兴趣，而最能学以致用的，便是计算机班。我曾经有一个转做文员的机会，本来打算一展所长，可惜有感年纪较大，不太适合从事与计算机相关的工作，还是放弃了这个机会。

最令我难忘的是在回归前夕，香港无线电视台特别为制衣工会拍摄电视特辑，探讨这个夕阳产业的未来、工友们的去向，以及制衣工会将来会担任什么角色，我是受访者之一。在短短半天时间内，制衣工会筹办了一个派对，展示了很多儿时的玩意儿，唤起我们工友一幕又一幕的回忆，同时亦庆祝澳门回归祖国，以及感谢工会多年来的贡献，可以说是意义深远。

虽然经历过许多风雨，我还是努力保持年轻的心境，用平常心面对生活中的难题。我有两个儿子。虽然做人要谦虚，但不得不说，我两个儿子的确是十分孝顺！两个儿子因为自小便经常要帮忙做家务事，因而养成孝顺的好品格，而且从小学习烹饪，所谓“青出于蓝”，他们的厨艺更胜于我呢！

我的一个仔，现在正在享受他人生第一个真正的暑假！自打他开始有工作能力，就一直打工帮补家计，减轻父母工作的压力，未曾间断。不久他要到瑞士继续升学，这才能真真正正享受一个平静的暑假。

我的半生看似平淡，但是亦上过报纸，拍摄过电视节目，走过时装秀，做过英雄，甚至曾代表制衣工会远赴北京会见国家政要，说得上是经历了很多风浪，也见过很多世面，可谓无憾了。

平淡而不平凡

张荣廉／口述　林泽隆／整理

制衣业这个名词对于澳门现在的老一辈来说并不陌生，因为他们以前大多是依靠这行业来维持生计。而从事制衣四十多年的张荣廉，从来没有想过换工作，只求平淡地度过每一天，一生默默地为制衣业耕耘。

张荣廉（后排左一）与工友合照

由暑期工做起

我叫张荣廉，1946年出生，我们一家六口居住在澳门青洲。我小的时候，喜欢放学后到球场与葡人、黑人踢球，我的偶像就是大家所熟悉的巴西球王贝利(Pele)。但是我并不是只懂得玩耍，在读书时期，我已经开始投身社会工作，到制衣工厂负责包装工序。有了这些工作经验，我中学毕业后便到工厂工作，一直到今天。

过去的澳门，并没有各式各样的行业供选择，制造业可算是澳门数一数二

张荣廉参加制衣工会联欢餐会

的龙头产业。制造业包括制衣、火柴、针织等，而从事服务性行业的人数不多，所以当时很多青年人都投身制造业，制衣业则是热门，是澳门的经济支柱。

当时在澳门街没有什么其他工作可做，最多的便是制衣，所以我在利玛窦中学毕业后，便选择跟随别人去学烫东西，后来在天虹制衣厂当包装工人。

天虹制衣厂大约在1964年或1965年设厂。我是在同学的介绍下，于1970年开始到天虹负责包装部的工作，直至1990年工厂歇业。

天虹兴衰

二十世纪七十年代的天虹制衣厂，是澳门一间规模较大的港资制衣厂，澳门第一间工厂大厦便是由天虹开设的，在最高峰时期员工达到两百多名。后来据说天虹的东主因先后失去子女，痛心疾首，令他再没有兴趣发展制衣业，工厂就渐渐衰落。而位于天虹制衣厂斜对面的德祥制衣厂，规模则日渐扩大。

当时澳督每年都会到澳门其中一间工厂巡视，天虹一直是首选的对象，后来澳督去了德祥巡视，便再没有到天虹了。

天虹制衣厂是港商投资的大型工厂，实行港式管理。天虹的港式管理是十分有系统的，以流水式作业，把每一个部门的工作都分得很仔细，各工序间不会混乱，各部门的配合颇为完善。

以前我们每天都要工作九个小时，因为全部工序都在澳门一手包办，所以每逢旺季加班，工作压力便会增大。

自从祖国改革开放后，很多以前在澳门的工序都迁往内地处理，所以我们现在的工作时间和工作压力已经没有以前那么大，可以有更多的时间去做其他事情。

难忘事少　辛苦事多

我在工厂工作已有四十年了，难忘的事就没有了，每天都是一样的工作，但辛苦的事倒是多不胜数。印象特别深刻的便是挂装。挂装就是将一个一个衣

张荣廉办公照

架扎上货物。我未学过挂装，为了学会，我就与其他工友拿清洁工的扫把当作衣架，将货物穿起来。当年清洁工的扫把全都不见了，就是被我们拿走的。

在制衣行业工作了这么多年，我都是从事包装工作。包装属于后整工作，也可以说是对外的工作。我每天的工作都十分刻板，但并不会感到无奈和沉闷，可能是我自己的要求不高，所以我并不打算转职寻找一些新鲜感。

目睹它的兴衰

过去我们从事制衣业的长工，收入会比较稳定，而且月入薪金也很可观，而散工收入则较不稳定。我由1970年加入天虹制衣厂，到1990年天虹歇业，

张荣廉与家人旅行留影

往后的五年都是在做散工，其后我到了中澳制衣厂，工作至今。

因为社会的发展，制衣业已今非昔比，记得当年若赶起一批货，会有百分之五十的利润，但现在的利润都不到百分之十，老板的重视程度亦都大大降低。

张荣廉（右）在天虹制衣厂前留影

澳门的制衣业已经到夕阳时期了。

糊里糊涂加入制衣工会

在没有劳工法之前，如果劳资双方发生纠纷，工人都会到制衣工会寻求协助。制衣工会于1958年11月成立，是随着制衣业兴起而成立的一个社团组织，会员多是从事制衣行业的人，我也是其中一个资深的会员。

在加入工会早期，因为工作繁忙，我没有时间到工会帮忙，直至近十年，我才到工会负责一些事务，为更多有需要的人服务。当年天虹制衣厂歇业，我们一班工友都到工会寻求协助，工会人员带我们到劳工局商讨薪金问题，最后都能顺利解决。

工会的工友很有人情味，工会和工友给我很好的印象。制衣工会每年都会办很多活动，如烧烤、旅行、探访等，加深会员之间的感情，这样更能促进工会内部的团结。这些活动，我都一一参与其中。我是现届理事，积极发起活动，如到工厂发动工友捐钱赈灾等。但是我自己只是一个闲杂角色，做些不太重要的事情，其他人更加重要。

说起加入制衣工会，我曾有过一段特别的经历。

过去我们若要从澳门到内地，需要办理十分繁复的手续，如要写一些介绍书之类。当时我的一位工友刚从内地回来，他问我想不想去内地工作，我就应工友的要求把身份证给他了。我以为他要帮我办一些过关手续，后来才得知，他是替我申请加入制衣工会。只要有工会证，便可以到内地工作。

澳门工会在内地是有地位的，凭着澳门工会证就可以到内地。就是在这糊里糊涂的情况下，我加入了制衣工会。

顺心平淡度过每一天

我有一对子女，他们都大学毕业了，大女亦都出嫁了，我现在与太太、儿子一起居住在黑沙环。我很满意现在的生活，工作时间不算长，空闲时便到制衣工会帮忙，参与一些大众化的活动。

时代不同了。现在的青年人，生活多姿多彩。平淡，已经不是现代人所追求的。在很多人眼中，平淡是沉闷的，不过，对我来说，却是最好的生活方式。做事不需过于自满，只要做好分内事已经足够，平淡也可以满足一切。

热爱制衣的缅侨

林丽娟／口述　梁俊杰／整理

一个九岁的小姑娘，与家人千里迢迢从缅甸来到澳门，并在澳门落地生根，开始其新的生活。时至今日，这位小姑娘已经在澳门生活了四十多年，并从事制衣业三十多年。她，就是林丽娟，在讲述她与澳门制衣业的往事。

生于缅甸　长于澳门

我叫林丽娟，1955年在缅甸出生，有六兄弟姊妹，我排行第二。我父亲经商，所以我们家庭环境还算富裕，能给我一个舒适的生活环境。到二十世纪六十年代，缅甸大规模排华，我们一家被迫逃离家园，最后选择澳门为定居地。我妈妈经常说，当时来澳定居，只需要数千元按金便能够获得居留权，所以当时很多缅甸人都来到澳门。

我到澳门时，正值1966年的“一二·三事件”时期，我们一家看见整个社会乱糟糟的情况，都担心选错了落户的地方。当时整个澳门实施宵禁，宵禁后街上一个人都没有，我曾经试过爬出窗外，看看街外的环境，谁知道有一个葡国兵立刻用枪指着我，当时真把我吓坏了。

除了澳门动荡外，另一个让我担心的就是语言不通。缅甸华人习惯说的是普通话和台山话，来到澳门后，就要听和说一种新的语言——粤语。我刚刚来澳，还没有熟习这种新语言，根本无法与别人进行交流。

那时我到圣心学校上学，两地的教育的不同，使我只能从小学一年级重新读起，而且语言不通，我感到好吃力。幸好我们班的同学没有排斥我，而老师又十分慈祥，呼吁同学教我说粤语。

可惜只有两年这样，我因为身体不好，不得不停学了。

我父亲来到澳门，重新经营生意，但是境况远不及在缅甸理想，儿女众

2007年，林丽娟（右三）生日会时与同事拍照留念（一）

多，更令父亲的负担越来越重，所以我十三四岁时便投身社会工作，帮补家计。当时澳门制衣业开始蓬勃，我就成为一名制衣女工。

制衣成为终身事业

制衣业是一个很特别的行业，从事这行业前，必须先要“拜师学艺”。我们拜师，只要交三十元左右的学费，师傅便会教我们怎样车衣。师傅家里有几部衣车，专门用来教授我们这些拜师学艺的人。

学会制衣这门技术后，我就立刻到制衣厂工作。最初我工作的厂是一所港

2007年，林丽娟（左一）生日会时与同事拍照留念（二）

资制衣厂——汇隆制衣厂。当时工厂的环境很差，没有空调，只有风扇，工厂环境又很挤逼。工作时间是由早上八点三十至下午六点三十，一共工作八个小时，若加班的话则更晚才可以下班，加班费更是少得可怜，仅仅是一点“夜宵钱”。

我还跟我姐姐一起，替人量身定做一些衣服，姐姐负责裁布，我负责车衣。当时生意非常兴旺，我们两姊妹经常都要工作至凌晨三点。

在这间制衣厂只做了几年，工厂就因拖欠工人薪金而歇业。

到了1976年，经工友介绍，我转职至升丽公司，当了一名车衣工人。那

2007年，林丽娟（左三）荣获澳门制造业总工会主办的车缝比赛第一名（一）

间厂在澳门来说算是比较大的一间。1980年，我调职成为指导员，这是新的挑战。当时车间有很多任务工序，有剪线、检查质量等，当所有工序做完后，便会把衣服运走。指导员的工作就是要编一个工序出来以及计算每日产量。

当指导员，比做工人的压力大很多，我总害怕工作出错，即使老板不骂，我自己也会感到惭愧。当指导员，还要面对一些劳资问题。其实工友们都只是希望把工作做好，只要跟他们平心静气地谈，都基本能够解决问题。

工作至1999年，本来我是想休息一下再工作，但恰巧有一个朋友开厂，我就去朋友的厂——华士堡制衣厂里工作，直至现在。

行业衰情不变

二十世纪七十年代末，内地改革开放，大批新移民来到澳门，令本地制衣工人的薪金下降。九十年代，澳门制衣业开始衰退，不少制衣工人转职其他行业。但是我没有转职，我喜欢制衣，热爱制衣。我觉得我能够做好这份工作，而且我对这份工作有兴趣，就连睡觉时，我也会想到一些工序。

可惜的是，我的朋友很多都已经转职，特别是在升丽公司的那些同事。

2007年，林丽娟（中）荣获澳门制造业总工会主办的车缝比赛第一名（二）

这几十年来，我也只是做过数间厂而已。

现今澳门的制衣业已经不再风光，很多东西也改变了。现在澳门的青少年，已经不会再从事制衣这一行业了。工厂主要的工人，大部分都是外地劳工和本地中老年妇女，加上部分工序北移，物价也高涨，工人的薪金又要上调，已经很少人愿意在澳门投资设厂。

加入工会　交流信息

我在九十年代中加入了制衣工会。加入工会，可以知道一些行业的最新消息，能够加强工友间的沟通，又可以参加工会的兴趣班，学习新的知识和认识更多的朋友。我在工会里是比较活跃的一员，现在担任工会的理事。

我参加了很多工会的兴趣班，例如普通话班、插花班、计算机班等。在这些兴趣班，除了能够学到一些较实用的知识外，还能够认识一些新朋友，所以我们都很喜欢。另外，我也不时会参加工会的一些活动，像“一日游”和“地方考察”。我记得有一年，我们工会数十人到大连参观学习，参观当地厂房的工作环境和了解厂房的运作，并与他们分享一些工作心得。

我在1990年结婚，现在有一名升读大学的儿子。我当然希望他能够成材，为社会做贡献。

虽然时代变了，社会在转变，但是我热爱制衣的心不会变。我还在继续从事制衣业，并会继续发光发热。

附录一：口述历史资料

姓名	访问时年龄	制衣工龄	曾担当职位	制衣生涯
萧丽明	71 岁	40 多年	拉脚、指导员	十四五岁在家人的影响下学习制衣，在香港工作不久便转到澳门的日升制衣厂工作，后来日升发生劳资事件令萧丽明等人创建制衣工会。访问时已退休
梁伟泉	79 岁	10 多年	车工	28 岁在制衣厂当学徒，一直负责车衣领，二十世纪六十年代到香港继续从事制衣工作，三年后回澳从事其他行业。他是制衣工会创会会员之一，热衷会务
蔡文兰	53 岁	34 年	车板、指导员、车间主管	15 岁入行，在小厂学习一年后转向大厂发展，在德祥制衣厂工作多年。2004 年退出制衣业，担任制衣工会的义务秘书，现为副理事长
胡宝莲	52 岁	约 30 年	车工、指导员、QC、板房主管	23 岁入行一直工作至今，多个部门的经验令她十分熟悉制衣厂的运作，而她最喜爱的工作便是板房设计，现在是制衣工会理事长
关翠杏	59 岁	20 多年	车工	13 岁到制衣厂当学徒，因爱打抱不平与乐于助人的性格而深得工友的信任，“一二·三事件”令她反思自己是否应为社会做出微薄的贡献，于是踏上为基层维权的道路

续表

姓名	访问时年龄	制衣工龄	曾担当职位	制衣生涯
潘章	66 岁	51 年	管理层	15 岁入行，香港和澳门的制衣厂都工作过，后来在澳门的德祥制衣厂由学徒当至管理层，现今仍然为制衣业穿梭于珠三角地区
潘玉兰	63 岁	10 多年	车工	从小接触手工业，从事制衣业时加入制衣工会，及后成为工会的全职秘书和工联的核心人员，一直致力于为工友谋取福利
梁荣	62 岁	21 年	熨工	16 岁加入制衣厂当学徒，由于有工会背景，他一直被资方认为是一名滋事分子而加以刁难，后来他离开了制衣业，但仍然没有离开制衣工会、停止为制衣工人服务
郭倩眉	61 岁	45 年	指导员、车间管理	满师后被师傅推介入厂工作，凭着自己的努力和出众的技术，由低层女工升至管理层，1992 年转职成为制衣工会的秘书至今，一直致力于维护工人权益
岑笑容	53 岁	40 年	指导员	13 岁入行，对制衣业情有独钟，寓制衣工作于娱乐，学师期间已跟工友与师傅建立深厚的感情，更视制衣工会为自己的第二个家

续表

姓名	访问时年龄	制衣工龄	曾担当职位	制衣生涯
简建玲	52 岁	20 多年	指导员	约 20 岁加入制衣行列，工作认真仔细的性格令她很快成为后整部的指导员，后来退出制衣业，活跃于工会以及社区工作中
杜艳芬	50 岁	10 多年	车工	小学毕业后便去了制衣厂当杂工、车工，居安思危，不顾其他人的质疑，毅然转到其他行业，但仍与制衣业有着千丝万缕的关系
吴淡坤	58 岁	约 40 年	厂长、雇主	17 岁当杂工，及后因勤奋认真而获聘为厂长，20 多岁便创办自己的工厂，稳扎根基后开办自己的制衣厂，纵使制衣业面对低潮，仍然工作至今
黄年根	68 岁	40 多年	包纽门、校车师傅	私渡到香港，及后到澳门，都是从事包纽门的工作，20 多岁转为校衣车的师傅，一直从事该工作到制衣业式微。访问时已转职
洪咏君	62 岁	47 年	车工、厂长、技术指导	满师后以考试的形式进入制衣厂当车工，之后曾在港澳多所制衣厂工作，学习了很多不同的制衣技巧，现在已退休，从事社会义务活动

续表

姓名	访问时年龄	制衣工龄	曾担当职位	制衣生涯
黄凤霞	49 岁	40 多年	文员	七八岁时便开始制衣，后来在父母的制衣厂内一直担任文职的工作，不时要到人手不足的部门协助生产，继承父母的衣钵管理制衣厂至今
林瑞意	58 岁	40 多年	车工、指导员	拜师学成后入厂当车衣工，在天虹及新和制衣厂担任指导员多年，后来为了延续制衣生涯而被迫转向内地发展，因不适应内地的生活，已选择退休
冯宽容	51 岁	30 多年	车工、货办、指导员	13 岁加入制衣业，默默耕耘升至指导员一职，能言善辩，深得老板欣赏。制衣生涯十分传奇，曾为香港无线电视担任嘉宾，讲述澳门制衣业的变迁
张荣廉	62 岁	40 多年	包装工	中学时期已经兼职当制衣后整工作的包装工，1970 年开始全职在天虹制衣厂工作，1990 年天虹歇业后，当过几年散工的制衣工人，及后转到中澳制衣厂工作至今
林丽娟	54 岁	30 多年	车工、指导员	20 世纪 60 年代从缅甸来澳定居，10 多岁便拜师进入制衣行业，由车衣工人一直耕耘到指导员，制衣生涯算是顺利，访问时还是全职制衣工

附录二：澳门制衣业在经济和社会中的角色

阮玉笑

自二十世纪七十年代以来，纺织制衣业一直是澳门出口加工业的主体，并且在澳门本地生产总值中占有重要地位，对澳门整体经济的发展一度有着举足轻重的影响。回归后，特区政府根据本澳的条件和优势，确定以博彩旅游业为龙头，以服务业为主体，保持工业适当的规模，各行业协调发展的外向型、具有竞争力的产业结构之发展定位。随着博彩业开放、内地“个人游”政策实施以来，博彩旅游业发展一枝独秀，传统的纺织制衣业所占的生产总值比例不断下滑，除小部分有条件转型的厂商外，大部分厂家因行业式微而选择结业或面临被淘汰的局面。

纺织制衣业几乎不分家，其发展轨迹亦几近相同，基于制衣工会此次主要组织制衣工友作口述历史的缘故，故本文仅就制衣业的情况作分析和阐述。

制衣业发展及其对经济的影响

澳门的制衣业自二战后兴起，在二十世纪六十年代进入迅速发展时期。1963年，英国率先限制香港的纺织品及成衣进口，开创欧美国家对香港产品贸易限制的先河，部分香港厂商转移到澳门投资设厂，并将英美市场的订单转到澳门，本澳的制衣业开始进入欧美市场，并迅速崛起。

进入七十年代，澳门的制衣业发展更快。1974年，全球四十一个国家和地区签订了多纤协议（Multifibre Agreement,MFA），实施限额进口全球纺织品及成衣配额制度。澳门因为与葡萄牙的关系，成为MFA的成员，其成衣出口受配额制度的保护没受限制。其间，适逢数万名东南亚华侨到澳门定居，为澳门制造业提供了较为充裕的劳动力。受此种种有利因素的刺激，澳门的制衣业获得迅速的发展。据统计暨普查局的工业调查资料，1979年制衣场所数目为375间，行业雇员为24 535人。

八十年代，澳门制衣业进入全盛时期。由于美国经济复苏，刺激欧共体经济转趋活跃，欧美市场需求增加，加上大量新移民涌入提供了充足而相对廉价的劳动力，澳门制衣业呈现出空前的繁荣。这一时期，澳门制衣业的技术水平已接近香港，并出现一些五百人以上的大企业。

到了九十年代，贸易保护主义日益严重，国际市场的竞争亦日趋激烈，同时澳门生产成本不断上涨、劳工日渐短缺，在这些不利因素下，澳门制衣业发展明显放缓，其工厂数目和雇员人数均逐年减少（见表1）。1990年至1999年，场所数目由745间下滑至394间，工作人数则由35 971人减至26 429人。究其原因，外部的关键因素是纺织品及成衣配额的优势日渐削弱；内部因素则是澳门本身的生产成本大幅上涨，劳动力市场的供求关系发生了根本变化。不过此一时期，制衣业的生产总值仍有所上升。

表1　二十世纪九十年代制衣业概况

年份	场所数目(间)	工作人数	普查生产总值(亿)
1990	745	35 971	68.28
1991	687	34 734	70.37
1992	644	31 346	73.16
1993	588	28 497	71.97
1994	512	24 547	72.17
1995	422	25 332	76.51
1996	449	25 040	81.48
1997	408	23 916	86.07
1998	441	25 520	83.02
1999	394	26 429	85.36

（数据源：澳门统计暨普查局之工业调查）

因为制衣业是劳动密集型的加工工业，劳动力在制衣业总成本中占很大比重。1984年，当年澳葡政府与内地就有关问题达成协议，收紧内地移民政策，移民数量的减少导致劳动力供应日趋紧张，薪酬亦稳步上涨。另一方面，随着社会和经济的发展，市民的就业观念发生明显转变，加上该行业已日渐萎缩、没有发展机会，且工资待遇低下，愿意从事制造业工作的择业者大幅减少。

为解决劳动力不足的问题，澳葡政府于1988年正式批准输入外地劳工。在输入外劳政策和原有的配额制度的保护下，澳门制衣业仍维持着一定的竞争优势。但随着内地实施改革开放政策，尤其是珠江三角洲地区的崛起，不少澳门厂商相继将工厂或加工工序转移到内地。澳门的制造业，因为劳工短缺、生产成本上升、企业生产规模小、设计及制作工艺水平低，再加上运输条件差及费用高昂、行政手续相对繁复及效率较低等种种不利因素，步入了整体衰退。

回归后，因应配额制度即将取消的现实，特区政府曾积极谋求对策，以减少配额制度取消对纺织制衣业、相关产业乃至整体社会经济将产生的冲击。几经研究，特区政府提出“跨境工业区”的构想，以维持澳门一定的工业规模，尽量让当时二万多名制造业工人稳定就业。但后来《内地与澳门关于建立更紧密经贸关系的安排》（CEPA）签订后，经贸情况已发生变化，特区政府决定将跨境工业区定位为有利于本地工业多元化发展、有利于本地工业转型升级、有利于增加本地就业以及可持续发展的方向，与原来主要解决制造业工人就业的初衷相比有所调整；同时因应博彩旅游业的蓬勃发展，吸纳了不少制造业释出的从业员，政府原来所担心的就业冲击并未发生，而本澳制衣业则继续走向式微。据统计暨普查局的工业调查资料，截至2008年底，制衣场所数目仅余308间，行业雇员只剩14 518人，减除外雇后，本地实际从业人员仅为7 000多人；而有关生产总值则继续下滑至61亿多元（见表2）。

表2　回归后制衣业概况

年份	场所数目(间)	工作人数	普查生产总值(亿)
2000	459	27 988	95.11
2001	447	28 827	86.48
2002	437	26 773	83.53
2003	425	27 316	85.86
2004	469	25 774	87.57
2005	454	23 993	76.84
2006	434	23 007	78.44
2007	372	18 168	76.5
2008	308	14 518	61.26

（注：由2004年开始，因应抽样方法的变更，制造业之分类有所调整，故2000年之数据与1999年并不衔接。数据源：澳门统计暨普查局之工业调查）

制衣从业员的就业状况及其对社会的影响

据大部分受访者忆述，当年投身制衣业，除了因为本澳可供选择的职业不多外，一个重要原因是制衣业的工资相对理想。如关翠杏就提到，1962年她学师的时候，制衣行业的收入不算太多，但足以应付生活；较手工业制造业的收入好，而与针织、手袜行业相比就差一些。可见，二十世纪六七十年代，制衣乃是颇为“吃香”的行业。

八十年代，制衣行业有一个相对蓬勃的发展，但由于有大量移民涌入，基于人力供求关系，制衣从业员的工资反而有所下降，但收入仍可观。八十年代末，外劳输入政策实施，加上有配额制度保护、规模细小等原因，本澳制造业缺乏转型升级的动力，仍然依靠廉价劳动力来维持企业的竞争力，故此行业工资一直都难以提升。九十年代后已被整体收入中位数远远抛离（见表3），制造业与家佣成为数一数二薪酬最低的行业。与此同时，其他行业的工资却不断上调，这一薪酬格局转变，除了难以吸引新人入行外，有条件的制衣工人亦陆续转业。至2008年底，制衣工人仅占整体就业人口的4.6%（见表4），制衣业的黄金岁月一去不复返。

表3　制造业薪酬变化

年份	制造业月入中位数(元)	整体月入中位数(元)	普查生产总值(亿)
1993	2926	4067	95.11
1998	3100	5100	86.48
2003	2800	4800	83.53
2008	4000	8000	85.86

（数据源：澳门统计暨普查局）

表4　制衣就业人口变化

年份	制衣就业人口(千)	整体就业人口(千)	制衣占总就业人口之比例
1993	25.8	171.3	15.1%
1998	27.5	196.5	14.0%
2003	25.5	205.4	12.4%
2008	14.8	323	4.6%

（数据源：澳门统计暨普查局）

虽然今时今日，本澳已陆续向服务型城市转变，但当年制造业乃是本澳重要的经济支柱，其重要标志之一是，规范本澳劳资双方权利与义务的第24/89/M号法令，就是1984年因应当时制造行业状况而设立的。

另一个重要的社会影响是外劳输入政策。纺织制衣业是一个劳动密集型的行业，需要较多的人力资源。但上文已提到，踏入二十世纪八十年代，在内地移民政策收紧、行业工资水平逐步下降等因素的影响下，澳门工业受到人力资源不足的困扰，制衣业中车衣工亦出现较多空缺。劳工短缺，不但影响正常的生产，对外来投资和工业发展也是一个障碍。为此，澳葡政府决定于1988年颁布输入外劳条例，以解决人力资源不足的问题，同时希望透过引入具素质的外地雇员，带教本地人成长。无可否认，外地劳工的输入，的确为澳门经济发展做出了贡献，但由于只有澳督的两个粗疏批示作审批的准则，缺乏严谨的输入和审批规范，亦欠缺有效的管理和监管机制，致使本地人的就业机会和待遇不断因外劳的输入而受损，而政府却长期未能拿出有效措施作响应，久而久之，外劳输入政策在澳门社会上形成难以化解的矛盾死结。

虽然特区政府于2009年制定了《聘用外地雇员法》，但对于劳工界一直争取的输入总量、外雇比例、监管机制等，并无列入法律之中，对于澳门这个今日需要十万八万外雇数量（见表5）的城市来讲，有关规范细则能否理顺劳资矛盾、化解死结，是澳门经济下一阶段能否继续获得发展、能否确保社会稳定和谐的关键。

表5　外劳人数演变

年份	外劳人数
1989	10 081
1998	32 013
2008	92 161

（数据源：澳门劳工事务局）

总括而言，社会事物的发展，总离不开兴起、发展、兴盛、衰落的过程，澳门制衣业亦不例外，其在五六十年间历经了整个循环，其间确实为澳门经济、工业做出了较大贡献，亦容纳了不少劳动力，养活了众多家庭。时至今日，其重要性已经减弱，但作为澳门工业的一个组成部分，在维持澳门工业及经济结构多元化的定位上仍有其重要性。故此，作为特区政府以至业界，需要在新的历史时期，凭着勇气和智慧，透过升级转型，为制衣业注入新的元素，走创意、高附加值的品牌之路，定能焕发出新机。

定稿于2010年1月

（有关制衣业的发展轨迹，部分内容辑自《2005年全球纺织品及成衣配额制度之取消对澳门社会与经济的影响及其对策》一书）